観光〝未〟立国～ニッポンの現状～

永谷亜矢子
Ayako Nagaya

まえがき

四季があり、清潔で治安もよく、北は北海道から南は沖縄まである。アメリカの旅行雑誌『コンデナスト・トラベラー』が2024年に実施した読者投票によるアンケートで、日本は「世界でもっとも魅力的な国」で堂々の1位に輝きました。同誌はイギリスでも同様の調査を行っており、日本は米英両国で1位を獲得。世界の旅行市場で今、もっとも注目されているのです。

記録的な円安も相まって、2024年のインバウンドは人数&消費額ともに過去最高記録を更新しました。リピーターも右肩上がりに増えており、「外国人旅行客の約半数は、3度目以上の訪日」だったりと、日本通が今、すさまじい勢いで世界各地に増えています。

神社仏閣をはじめ、各地で催される祭りや建築、伝統工芸など、有形無形を問わず「文化財の宝庫」であることが日本の強みです。革命が一度も起きなかった日本では、何百年もそのまま姿を残す文化財が全国各地にあり、訪れる人の興味を惹きつけます。

雄大な自然にも恵まれ、35もの国立公園はそれぞれに趣があり、息を飲むほど美しいランドスケープもたくさんある。日本食はもちろん、世界各国のあらゆるおいしいものがそろっています。食事も「なにを食べても、安くておいしい」と絶賛され、
しかも、訪日外国人の目は東京や大阪といった大都市だけにとどまらず、地方にも向けられているのが今のトレンドです。インバウンド旅行者の大半が「大都市だけでなく地方都市にも立ち寄りたい」と考えていることは、統計にも表れています。

JRや新幹線が実質乗り放題となる「JAPAN RAIL PASS」が整備され、空港も全国に70を数えるなど、地方へのアクセスの向上が追い風となって「東京や京都、大阪だけでなく、日本の地方も周ってみたい」というニーズが今、急速に膨らんでいます。世界の旅行者の目に日本は、「何度も訪れたい神秘の島国」として、私たちが思う以上に光り輝いて映っているのです。

ますます盛り上がっていく、日本の観光市場。インバウンドに加え、日本人の間にも「海外旅行は割高なので国内旅行を楽しみたい」という傾向が円安トレンドによっ

て強まっており、観光業がこれからの日本の基幹産業となることは、論を待ちません。ですが、ここでひとつ、問いがあります。果たして、我が国の観光業界はきちんと稼げているのでしょうか。

残念ながら、その答えは否。

「空前の日本ブーム」が起きているのに、首都圏ほか一部の地域を除くとまだまだきちんと収益化ができてきない現実があります。「観光立国」とは程遠い状況を前に、私は強い危機感を抱かざるをえません。

その土地の文化を理解できる体験価値の高いコンテンツを提供し、多様化するニーズにきめ細かく応える仕組みを整え、観光業の従事者にきちんとお金が落ちる「健全な観光経済圏」を成立させること。これがあるべき姿だと私は考えます。

「この土地でどんな観光消費をしてもらいたいのか？」

「地域の魅力はなんなのか？」

本来こうしたことを考えるべきなのに、足元を見ず、間違った施策を打って、人が来る前に価値のある観光資源をダメにしてしまう。あるいは、オーバーツーリズムを制御できずに、地域の住民に負荷をかけてしまう。そんな事例を全国各地でたくさん目にしてきました。

「このままでは、地方は壊れちゃうのでは？」――そんな恐怖すら、感じるのです。

観光業界にはあまりにも「マーケ目線」がなさすぎる

私はこの現状を打破し、日本を真の意味で観光立国にしたいと願う1人です。まずは、自己紹介をさせてください。

現在、母校でもある立教大学で経営学部の客員教授として教鞭を執るかたわら、民間企業でマーケティングやPR、イベント制作などを事業として担い、この6、7年ほどは官公庁や日本各地の自治体のお仕事にも携わっています。

富山県の県政エグゼクティブアドバイザーをはじめ、茨城県、福井県坂井市、山梨県富士吉田市、三重県伊勢市、熊本県阿蘇市などでコンサルティングやアドバイザーという形で携わり、伴走支援を行っています。

「地域の魅力を効果的に国内外に伝え、観光誘致したい」
「神社仏閣、城を活用した観光コンテンツを作りたい」
「祭りや花火大会が赤字続きで存続の危機にある。収支を改善したい」
「観光客のマナー向上のための対策は、どうしたらよいか？」
など、寄せられる相談はさまざま。

自治体関係者や全国各地のステークホルダーと膝を突き合わせ、時に地域の首長とお酒を酌み交わしながら、観光コンテンツの開発から販売、そして国内旅行はもとよりインバウンド観光の現場に立つ日々を送っています。

特に、コロナ禍で観光業界が止まってしまったあの時期にじっくりと「日本の素の美しさ、食やさまざまな文化資源の素晴らしさ」に触れられたことは、自分の中でとても大きな意味を持ちました。

「この美しく、素晴らしい日本。コロナ禍で先も見えない中で、私のさまざまな仕事人生は、日本の地域の活性化に役立てるものかもしれない」

観光に携わった経験もあまりなかったのに、強く、使命感のようなものを勝手に感じたのです。

私は、新卒でリクルートに入社しました。そこでの20代は住宅情報誌や旅行雑誌の広告営業から編集者まで、まるっと1人で業務を任せてもらえたことで、いろいろな経験を積むことができました。

その後、TGC（東京ガールズコレクション）の立ち上げにチーフプロデューサーとして関わり、大型イベントの企画・立案・集客・運営・クリエイティブのディレクション・PRなど、ここでも事業全体をまるっと経験。社長として経営に携われたことも、大きな糧となりました。

さらにその後、縁あって移籍した吉本興業では、PRの統括、大型イベントの立ち上げ、海外での番組制作などを経験。国や自治体の公募事業に直接参加する「プロポーザル」の申請に取り組み、国内や海外での公募事業には参加側として事業に取り組みました。

営業マン、編集者、イベント運営統括、プロデューサー、広報担当など、自分で振り返っても「本当にいろんなことをしてきたな」と思います。ただ、〝マーケティング思考〟を武器にして、現場ごとの課題解決に当たり、結果を出すことにこだわってきたのは一貫しているかもしれません。

例えば、ＴＧＣは国立代々木競技場第一体育館を借り切り、ショーや音楽ライブを魅せる大型ファッションイベントです。出演者やスタッフの数が膨大で、ものすごくコストもかかります。協賛費だけではとてもまかなえない。ではどうしようか。

ファッション誌やテレビ番組とタイアップしてお金を稼ぐ企画をたくさん作ろう。あるいは美容、飲食、着物、自動車メーカーなど企業とコラボして限定商品を開発、プロモーションを仕掛けて全国販売してみよう。地方開催は地域に合わせてカスタム。次の会場は名古屋だから、親子で来てもらえるように施策を細かく打っていこう。そんなふうに、「お客さんのニーズから逆算してコンテンツを設計していく」ことを、現場ごとに重ねてきました。

このようにしてさまざまな現場で鍛えられた「叩き上げのマーケ脳」で観光業界に足を踏み入れたのは、よしもとから独立し、起業して数年後のこと。

具体的には、２０１９年頃から文化庁や観光庁とお仕事をさせていただく機会が増えていったのですが、あるとき、気づいてしまったんです。

「日本の観光、地方に全然お金落ちてないじゃん」

「地方って、販促ツールがパンフレットしかないの？　これじゃ旅行を計画している人たちにリーチしなくない？」

「〝伝える〟という行為が欠落しすぎている。ポテンシャルはあるのに、機会損失だらけじゃん」と。

旅行者に「お金を使う機会と場所」を用意できていない現実

旅行者の「旅」のスタイルや消費動向は急速に変化しており、多様化が進んでいます。けれども、受け入れる側の観光事業者（旅行代理店、宿泊事業者など）はニーズの変化にうまく対応できていない事例が多く見受けられます。

せっかくいい観光スポットやアクティビティがあっても、ＳＮＳはおろか公式サイトでさえ内容が乏しく、誤った情報が拡散されていたりもします。

とにかく、デジタル上に情報がない。これでは訪日外国人は「行きたい場所」を探すことができず、現地にたどり着けません。

せっかく地方に来てくれても、タクシーなどの二次交通がなく、行く場所が限られてしまっている現状もあります。ラッキーなことに宿泊してくれたとて、車でなければ行けない距離にしか観光スポットがなく、ホテルから出られない。夜間のコンテンツが少なすぎて、することがない。

「お土産を買って帰ろう」となっても陳列、ボリューム感、デザインが観光客のニーズや嗜好とズレていて、手に取ってすらもらえない。まさに「ないないづくし」のありさまで、旅行者たちに「お金を使う機会と場所」を用意できていないんです。

あまりにもマーケティング目線がなさすぎて、「売り上げを立てる気があるのだろか……」と呆然となってしまったことは、一度や二度ではありません。

旅行者のカスタマージャーニー（消費行動、思考）に沿った観光経済圏を作らなくてはいけないのに、それができていない箇所が、まあ、なんと多いこと。改善すべき点が多種多様にあるのです。

個人旅行全盛の時代に観光コンテンツが追いついていない！

前述したように、日本は食事がおいしく、和食以外も世界中の料理がおいしいと言われています。中華圏の観光客がいわゆる「町中華」の店に並んだり、旅行サイト「Taste Atlas」の世界の伝統料理ランキングで「日本のカレー」が1位に選ばれたりするんですから。とにかく日本は「なにを食べてもおいしい」とさえ言われています。

そしてなにより、我が国は文化大国です。日本に現存する世界遺産は26ですが、国宝は1144件、重要文化財は1万3498件（令和7年1月時点）を数え、江戸時代から残る街並みも外国人から大人気。

47都道府県にはそれぞれ特色があり、隣の県まで足を伸ばせば、まったく違う郷土料理を味わえ、神社仏閣などの文化資源が楽しめます。ねぶた祭りや祇園祭など100万人超えの大規模な祭りから奇祭と呼ばれる多種多様な祭りが一年中開かれています。春夏秋冬と四季もあるため、同じ場所でも違う季節に行けば、また新たな食材やランドスケープが楽しめます。

しかもそれが、少なく見積もっても47種類。世界的に見ても、こんなにコンパクトに魅力が詰まった国はそうそうありません。

歴史を感じるお寺で朝、座禅を組んだり、神社に参拝して静謐《せいひつ》な雰囲気を味わったり。あるいはきれいな湧き水の出る渓流でカヌーを楽しんだり。夜になったら、満天の星空を見上げながらワイングラスを傾けたり――。訪日外国人は、そんな文化や大自然に根付いた体験を求めています。

「モノ消費」よりも、「コト消費」。さらに、今は「トキ消費」で、そのときにしか体験できない観光コンテンツが価値を持つようになってきています。

一面に咲いたチューリップを見る、カニの競《せ》りに参加して堪能するなどの例がわかりやすいですよね。これが世界的な旅のトレンドであり、日本が持っている豊かな観光資源は打ってつけのはず。

それなのに、短い時間にスケジュールを詰め、観光スポットをバスで回り、写真をパシャパシャ撮って「はい次！」とせわしなく回っていくような「昭和のツアー的な売り方」が国内ツアーを含めてまだまだ多く、需要と供給にミスマッチが起きています。

特に近年はＦＩＴ（Free Individual Traveler。あるいは、Foreign Independent Tour）と呼ばれる、「ツアーに参加するのではなく、飛行機などの移動手段や宿泊などを個人で手配する旅行者」が圧倒的な主流となっています。

彼らは日本に「来る前」にスマホやパソコンで検索し、情報収集をしてから旅のプランを立てるわけですが、旅行者が調べようにも観光コンテンツの情報がデジタル上にきちんと載っていないことが実に多いです。地域の公式観光情報サイトですら、きちんと整備されていないケースが散見されます。これでは旅行者が地域の観光情報を見つけられず、魅力的な観光資源にもたどり着けません。「情報発信」がうまくできていないため、お客さんを取りこぼしている状況は、本当に歯がゆい。

もちろん、観光事業者たちだけが悪いわけではありません。

国や自治体から交付される助成金や補助金の使い道が適切でなかったり、プロポーザルと呼ばれる公募事業の事業者選定の仕組みがうまく機能せずにミスマッチが起きていたり。そもそもなにをするにも人が足りていなかったりと、我が国の観光業界は問題が山積みです。

本質的な「観光立国」を目指すなら、そろそろこの状況、変えませんか？

まずは「なにが問題なのか」を知ってもらいたい。そして、「きちんとその地域を理解してもらい、観光で稼げる体質に生まれ変わるための施策」をスピーディにいち早く打っていきたい。時間をかけて丁寧に構築すべきものもありますが、国内旅行もインバウンドもどかどか増えてますから。

需要が急増する昨今、観光事業者の中にも変化する観光客のスタイルやニーズに合わせ、業界の既存の慣習にとらわれずに地域の観光資源を最高の体験として提供し、上手に稼げているプレイヤーも増えつつあります。そう、やればできることは、証明されています。とはいえ、まだまだ一部のプレイヤーの話で、特に地方においては課題山積でとても「稼げている」「儲かっている」とは言い難い状況。そんな現状を日本全国でつぶさに見てきたことから、本書のタイトルを「観光〝未〟立国」としました。「不」や「非」ではなく、「未」としたのは、それだけのポテンシャルが日本には備わっているからです。

これまで私が現場で見てきたことをまとめ、それを「机上で終わらない解決策やアイデア」として一冊の本にまとめたい——そんな思いで筆を取ったのが本書です。

2024年に訪日人数や観光消費の総額が過去最高を記録したことから、インバウンドという大きく新しい市場が出現し、紙幅をインバウンドに多めに割いてはいますが、私の危機感や考え方はもちろん国内旅行にも同様のことが言えるものだと思っています。

これからの日本の観光がどうなっていくべきか。この本がその議論が深まる一助となれば幸いです。

永谷亜矢子

目次

観光〝未〟立国～ニッポンの現状～

第一章　観光業界は本当に稼げているのか

インバウンドはFITが旅のスタイルとして、なんと8割以上を占める昨今。日本を訪れる外国人たちは、航空券やホテルを自身でアレンジ。「好きな時間」に「好きなところ」で「好きな体験」をするために、スマホであらゆることを検索してきます。

この人たちにお金を落としてもらうには、「ここに行けばこんな体験ができる」「近くにはインスタ映えしそうな喫茶店があるぞ」と事前に知ってもらわなければなりません。

ところが、日本の観光産業は自治体、ホテル、交通網、飲食店に至るまで、観光コンテンツの「情報発信」が行き届くには、まだまだ程遠い状況のようです。

いまだに紙のパンフレットが駅前や案内所の一面に置かれているのが、情報発信力の低さを物語っています。パンフレットを手にする＝旅行客が現地に来てからでは遅い。来る前に魅力を訴求しないといけません。

それには、デジタル上に地域の観光名所や体験を魅力的に紹介するコンテンツが必要不可欠ですが、現実はあまりにも乏しく、旅行客が「旅マエ（旅行する前）」や「旅ナカ（旅の最中）」に探したくても探せない。Ｇｏｏｇｌｅマップを見ても、開閉

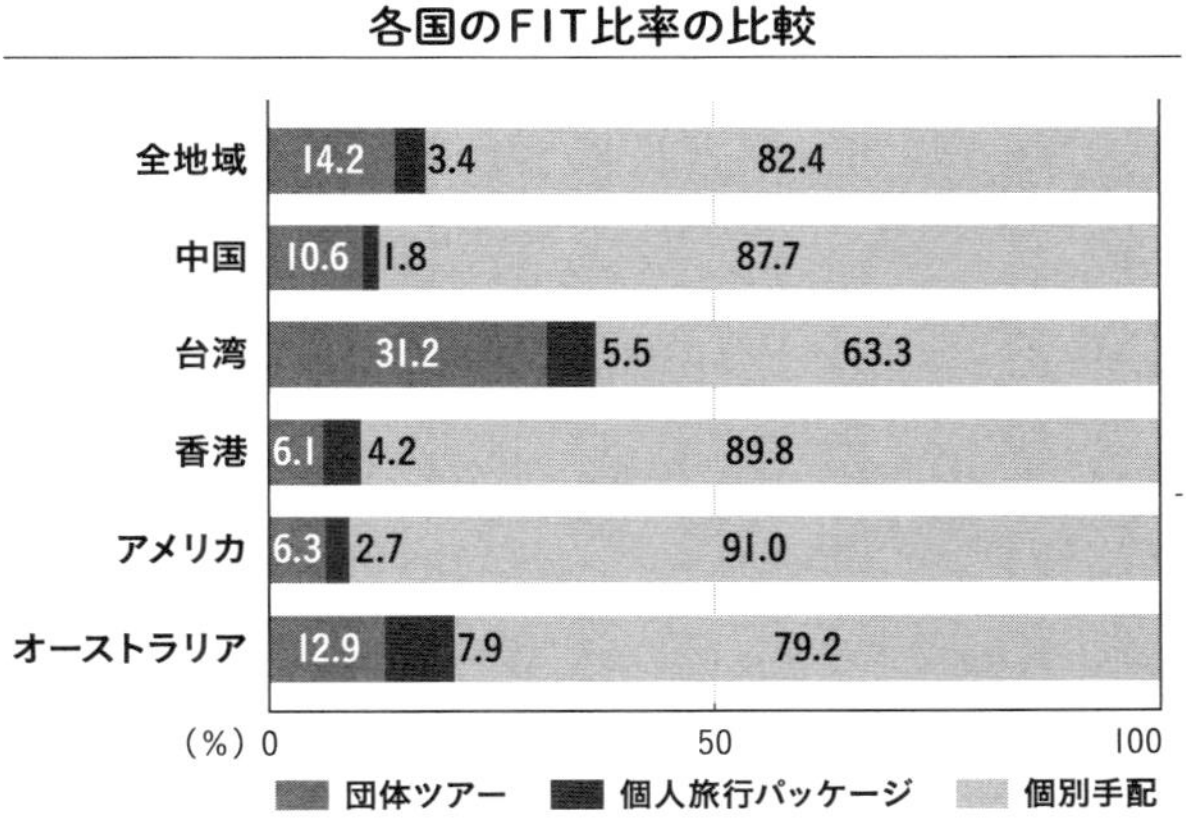

ツアーではなく個人がそれぞれ航空券や宿を手配するのが今のトレンド。観光庁「インバウンド消費動向調査（2024年4－6月）」のデータを基に編集部作成

の時間や休日の情報が間違っていたりして、行っても開いてない。相当まずい状況が起こっているのです。

これまでの日本は、国内の旅行者を相手にしたツアーを催行するのが旅の主流であり、それなりに人が来て、地域の観光事業も回っていました。自治体や観光事業者が各々施策を考えなくても人が来ていたため、大手旅行会社が組むツアーに依存するようになってしまったのです。「パンフレットを現地に置けばＯＫ」みたいな思考はその表れでしょう。

でも、ＦＩＴが主流となった外国人

相手にそうはいきません。彼らは飛行機のチケットと宿は別々に予約し、行きたいところを自分たちで検索してから日本に来ます。

つまり、観光にまつわる情報は「旅マエ」に知れて、かつ事前に予約できる仕組みを整えないといけません。観光客は紙のパンフレットじゃなくて、ＳＮＳとかＧｏｏｇｌｅとか今後はＡＩとか、スマホを駆使して検索してきます。そこで情報を拾えないものは選択肢から落ちますよっていう話ですね。

また、地域や観光資源の魅力をきちんと伝えないまま、旅行客を帰らせてしまっている点も見過ごせません。

素晴らしい景観を誇る神社仏閣や文化財を訪れたとしても、それについての説明がないため、観光客がただ並んで、ぼんやり眺めて周って、帰っていくだけの光景をよく目にします。「背景にある歴史」とか、「何百年の時を経て紡がれた文化や趣」を味わってほしいのに、そうした魅力を正しく伝えられていないから、観光客はよく理解できないまま帰ってしまう。つまり、「地域の本当の価値」を伝えることができていない。これは本当にもったいないことだと私は思うのです。

課題山積の日本の観光問題。まずは、この「情報発信」という問題から考えていきたいと思います。

テーマ：1-1　情報発信

問題①　デジタル上の情報が整備されていない！

地方に行くと、「○○がおすすめですよ」と地元の方に教えていただくことってありますよね。で、どんなもんだろうと調べてみる。

ところが、検索しても出てこない。出てきたとしても、3行くらいの文字列がちょろっとあるだけで、行き方もわからない。

デジタル上に、とにかく情報がないのです。あったとしてもあまりに少なく、観光資源を魅力的な写真や動画で紹介している状態になっていないことが、本当に多い。

宿がリノベーションをしていい雰囲気になっているのにＷｅｂサイトは古い写真のままとか、看板メニューの写真が載ってないとか。これで「行きたい」って思う観光客は……なかなか、いないですよね。

自治体や観光協会が運営する公式サイトの中には、PDFを貼り付けるだけで説明を済ませていたり、リンク先に情報がなかったりと、長い間、野ざらしのまま放置され荒れ果てたWebサイトをまだまだ多く目にします。PDFではGoogleなどで検索された際に見つかりやすくなるSEOにも寄与しないから、検索しても上位表示されないってことすら、気にしていないのかと。

今後、デジタルの情報はますますAIに集約されていきますが、デジタル上に情報がなければプロンプト入力しても結果は一緒。あったとしても情報が間違っていれば、AIとて正しくアウトプットしてくれません。なぜなら、AIは「今、デジタル上にあるもの」から最適な情報を判断し、表示してくれますが、そもそもの情報が存在しなかったり間違っているようでは、正しい答えになるはずがありません。

UGC（User Generated Content）＝SNSに投稿される一般ユーザーによる情報もあるにはありますが、これにすべてを任せない姿勢は保たなくてはいけません。ハッシュタグの地名が間違っていたり、施設の内容やルールも正確でなかったり、古い情報のままだったりするからです。

検索がＡＩに取って代わられる時代には、本質的にすべきことは「自分たちの地域の観光情報は自分たちで責任を持つ」こと。端的に言えば、公式の観光サイトをはじめとするオウンドメディアときちんと向き合い、運用することです。

「どこに行こうか」とリサーチしている未来のお客さんはスマホの向こうにいるわけで、情報が正しく最新であることは当たり前です。各種アクティビティの説明がきちんとなされており、申し込みができるのも当たり前。その地域でのイベント情報や、そのイベントに参加するチケットもリンク先で購入できるような丁寧な運用を、観光協会サイトの運営側がチェックする気概がほしいところです。

そもそも、観光協会のドメインはＳＥＯの観点からすると上位表示されやすい仕組みになっています。「観光＋地名」で検索すると上に来るのは自治体や地域の観光協会のＷｅｂサイトであることがほとんど。であるならば、ここで適切な情報発信しない手はないのですが、現実はなかなかそうなっていません。

「公式サイトなのにオンライン予約ができない」「電話でしか予約ができない（外国

の方はどうすればいい？）」「1週間前までしか予約ができない」など、残念な仕様で運営されている事例がまだまだ多いと感じています。これでは、「ＤＸ以前の問題」と言わざるをえません。

デジタル上の情報整備は急務です。まずは「正しい情報をきちんと得られる」「来た人たちが迷わない」ようにしないとダメですよね。

逆に言えば、きちんと情報発信するだけで、人は来るようになります。

実際、自治体の方から、こんな相談を受けることがあります。

「情報発信をどうしていいか、わからない。なにから手をつければいいのか……」

そんなとき、私はこう答えています。「Ｗｅｂサイトをまず改修しましょう」と。「公式サイトを、スマホ対応のレスポンシブなデザインにする」「事前予約・決済機能をきちんとつけて、周辺の観光スポットやアクティビティの情報もきちんと盛り込む」「少しでも魅力が伝わるような写真、動画、テキストを掲載する」などです。

本当はもっといろいろあるんですが、ゼロから1よりは、すでに存在するもの、そして今後も必ず活用するものを改善する。まずはこうしたことから始めましょう、と。

これさえしておけば、「情報が取れない」という問題はかなり解決します。公式サイトを起点に正しい情報を置いておくことは、探す人たちに正しい情報を伝えるだけでなく、別の面でもメリットがとても大きいです。どの宿、どのアクティビティがいつ人気なのか、数値分析で把握できるようになります。つまりは、マーケティングが可能になるのです。

ここができていないのに、ＶＲやＡＲ、音声ガイドや独自のアプリを開発するようなケースをよく耳にします。特に文化財周りでよく聞く話なのですが、ベースの情報すらないのに、ニッチコンテンツを見たり体験するために日本でアプリをダウンロードする観光客は稀有です。

むしろ、その体験場所でのＱＲコードを用意してＷｅｂコンテンツに誘導することのほうがよっぽど大切です。ガイドマップや現場に設置されている看板にＱＲコードをつけて、歴史や魅力を説くページに遷移し、理解を深める＝体験価値を上げるほうがはるかに有意義ではないでしょうか。

米コンデナスト誌の「世界でもっとも魅力的な国」で1位になった日本ですが、その理由の上位に、「すみずみまで網羅し、時間にも正確な交通網」が挙げられているのを見ました。けれど、海外の人からはこんな声もよく聞きます。

「飛行機で日本に着いて、電車で目的地近くの駅まで行きたいんだけど、鉄道の乗り換えや駅から目的地までの経路がわかりにくい。駅に着いたとしても、どうやったら目的地までたどり着けるか、わからない」

これが、訪日外国人たちのリアルな体感だったりします。情報発信は、細部に至るまで、相手の目線に合わせてすべきです。

問題②　いまだにSNSの活用ができてない

観光客がどうやって旅の情報をリサーチするか。それを調査したデータもあります。

「インバウンドが旅前にもっとも役立つ情報源」を調査した観光庁のデータによれば、結果は左の通り。

・SNS　22%
・個人のブログ　19%
・親族、知人から聞いた話　12%
・口コミサイト　10%
・旅行会社のHP　10%
・日本在住の親族・知人　23%

デジタルでの窓口は、やはりSNSです。右記統計は2022年に発表されたものなので、改めて今、集計したらより増えているでしょうね。

一方、SNSマーケティング会社のリデルが調査した「調べ物などで情報を検索する際、1番よく使うのはどれ?」という日本人向けの調査では、このような結果となっています。

・SNS　58%

・検索エンジン　42%

このように、SNSの影響力はとても大きいです。また、年代、性別、国籍、収入によって「ホーム」とするプラットフォームが異なっていて、SNSの攻略は情報発信において必須と言えます。

SNSの運用を始めればすべて解決する、というわけでもないのですが、それがGoogle検索、AI検索に紐づき、あらゆる情報の検索に活きることは間違いありません。

SNSのいいところは、無料で始められることや、インタラクティブなコミュニケーションをとれるところです。アナリティクス（解析機能）が備わっており、投稿したコンテンツが「どんな人に」「どれくらい」見られているか、リアルタイムで把握することもできます。

わざわざ人気インフルエンサーを起用してインプレッションや再生回数を稼ぐ手段に頼らずとも、更新頻度を増やし、その土地の魅力がしっかり伝わるコミュニケーションを積み重ねていけば、フォロワーやファンを獲得することだってできる。使い方次第では費用対効果が抜群によいツールなんです。

近年はインスタグラムのリールを活用する流れが主流となっており、インフルエンサーかどうかや、フォロワー数はあまり関係なく、編集力さえあれば拡散されます。YouTubeのように過去のコンテンツが再生回数を長く稼いでくれるケースもあります。

SNSを活用しない理由はもはやないのですが、日本の観光業界を見渡しても、上手に運用できているのはほんの一握り。同じ観光スポットや自治体なのに、アカウントがいくつもあったり、フォロワーが2ケタくらいで更新が止まっていたり。そんなアカウントがごろごろあります。実にもったいない話です。

これは、SNSのアカウントを継続して運営する人がいないことが原因です。第二章でも触れますが、自治体の担当者は2年ごとに配置転換で変わってしまうことが多く、引き継ぎがうまくできず、知見も貯まりません。「同じ観光地なのにアカウントがいくつもある」のは、都度作り直してはSNSの運用がおざなりになり、更新頻度も低く、やがて放置されるから。そんな仕組みが常態化しているのです。

これだけ人気の日本。情報発信をしっかり行えば、お客さんは勝手に来てくれるようになります。自分たちでアカウントを運営するのも、訪れた人の「投稿」を促す施策を打つのも、両方大切です。

国内旅行はもとより、海外からの観光客もSNSからの流入が増えています。この傾向はまだまだ途絶える気配はなく、むしろ活用世代が若いことも後押しして増え続けていくでしょう。地域で観光を担っていくのであれば、やりたくなくてもやらざるを得ません。

腹をくくって、地域の人間がきちんとSNSを運営する。最悪、まるっと外注して運用する手段もなくはないけれど、「初動は外注でも最終的には自分たちで運営すべき」と私は考えます。新しいプラットフォームが出てきても、今あるものを触っておけば勘所がつかめて、新たなツールも抵抗感なく触れるはずです。

そもそも論として、日本の観光業界には「作って終わり」という慣習があるように感じますが、大切なのは「運用すること」。運用、オペレーションがすべてといっても過言ではありません。SNSアカウント1つとってもそうです。これを運用し、

「地域に呼びたいお客さんをどう集客するか」を逆算して考え、試行錯誤を重ねていく。これがマーケティングの基本だと思います。

現在、観光で多く活用されているのはＹｏｕＴｕｂｅやインスタグラム。ＴｉｋＴｏｋも若年層にリーチできるツールとして存在感を放っています。大切なのは、継続することです。運用を逆算して、どのツールから始めるか見定めるのも重要です。

もはや、スマホのツールでなんでも可能な時代になっています。運用においてもほとんどはＡＩがやってくれるようになるわけで、必要なのは、それを活用するノウハウ力。さらには、ＡＩではできないアナログ力。画像や動画、もちろんテキストも、どの素材を使ってどう伝えるかの「編集力」が重要です。

問題③　Ｇｏｏｇｌｅマップや ＯＴＡでの見え方に気を配れていない

先ほど紹介した「海外旅行客が旅前にもっとも役立つ情報源」では、「口コミサイト」や「旅行会社」と答える人が多くいました。立ち寄った先でＧｏｏｇｌｅマップを開き、「近くにある☆（評価）の高い店」を探すなんて流れは想像しやすいと思います。

皆さんも飲食店を選ぶとき、「食べログ」やGoogleの点数で判断したりしませんか？　訪日外国人もそう。OTA（Online Travel Agent）と呼ばれるプラットフォームに載る口コミや紹介文、写真といったコンテンツが魅力的であれば、もっと集客しやすくなります。しかし、これがなかなかできていません。

OTAはいわばオンラインの旅行代理店でホテル予約や観光体験、アミューズメント施設やイベントチケットの販売までがデジタル上で完結し、今や旅行予約の主流です。FITと呼ばれる個人旅行者たちは今、OTAを活用してどこを観光しようか、情報収集してから予約を入れるのです。

国内だと「アソビュー！」「じゃらん」、海外だと「トリップアドバイザー」や「Klook」が広く知られていますね。ここに載せる素材や説明文は、手を抜いてはいけません。

本気でインバウンドを考えるなら、「トリップアドバイザー」や「Airbnb」

といった海外ＯＴＡでの見え方には気を配るべきです。香港に本社を置くＯＴＡでアジア全般に強い「Ｋｌｏｏｋ」や台湾発のベンチャー企業「ＫＫｄａｙ」も利用者は多いので、注目しないといけません。放置せず、対策を講じて、ユーザーの投稿（口コミ）を促す施策を導入するべきだと思います。

そして近年はインバウンドも国内の観光客の間でもＧｏｏｇｌｅマップの活用が主流です。観光客に「旅ナカ」で使われるツールはＧｏｏｇｌｅマップなので、ここでの口コミは本当に大事です。「口コミ」は昔からある手法ではありますが、「3周回って口コミが大事」とも言える状況です。

ＯＴＡもＧｏｏｇｌｅマップも、数字でレーティング（評価）され、質のよい口コミがたくさんある所が勝ちます。皆、それらを見比べて吟味しながら「どこに行くか」「なにをするか」考えているのですから。

この考え方は、海外だけでなく日本国内のＯＴＡにも、もちろん言えることです。「じゃらん」などが提供する観光スポットのランキングを眺めていても、上位に老舗のチェーン系ホテルが入っていたり、逆に国宝の施設が入っていなかったりします。

基本的にはスポットランキングなのでアクティビティや祭りといった体験型の観光コンテンツはランキングに掲載されません。外部のプラットフォームにおんぶに抱っこでは、集客効果は限定的です。よって、地域側がオウンドメディアの運用をきちんとして、「少したどれば、正しく有益情報が手に入る」状況を作っておかねばなりません。地域側が設計しないと、結局、観光客には届かないのです。

新しい取り組みとして面白いのは、OTAのライブコマースがこれから猛烈に売る販売チャネルになりそうな点です。

コロナ禍で渡航制限がかけられていた中国ですが、中国最大手のOTA「トリップドットコム」では日本への旅行商品を生配信番組で紹介、販売する取り組みを実施しており、5時間の配信で宿泊券を2万2000泊、金額ベースで4億5500万円も売り上げたとか。

高額な体験をしっかり映像で見せられることから、旅行とライブコマースは相性がよく、今後も伸びていく可能性を感じています。

OTAやGoogleといったプラットフォームは仕様やアルゴリズムがものすご

い速度で進化しており、トレンドの移り変わりも激しいですが、集客力は抜きん出ています。継続して注視すべき対象です。

問題④「なにが観光資源として魅力的か？」がわかっていない

情報発信をするにあたって、まず「外から来る人にとって、なにが魅力か」を自分たちが正確に把握しないと始まりません。残念なことに、ここが間違っている場合がすごく多いです。

めちゃくちゃ素晴らしい水源が地域にあるのに、「道の駅」を推していたり、少し車を走らせれば情緒溢れる古民家カフェがあるのにまったくPRしていなかったり。「外から来る人」は、「千年以上の歴史を誇る建築」とか、「圧倒的な自然」とか、「何百年も連綿と続いてきた祭り」だとか、そういった場所で過ごす体験に惹かれるのです。変化のスピードがとてつもなく早くなった時代に、変わらないでいるもの。そういうものが、これからは価値を持ちます。いわば、「本物の歴史価値」です。

200年続く町屋を宿にするのはいいけれど、リノベーションが雑すぎる古民家再生の取り組み事例を見て、残念な気持ちになりました。古民家にそぐわない大型テレビをリビングに設置して、雰囲気を台無しにしてしまう。あるいは、照明は調光が効かないものを取り付け、室内が明るすぎて落ち着かない仕上がりになってしまう。昔の人は町屋でろうそくを灯して暮らしていたわけで、「その雰囲気や趣をどう残すか」が鍵になるはずなのに、そういうものがことごとく無視されていたのです。

古い建物を建て替えるにしても、柱だけ残すとか、いったんバラした板を全部活用するとか、トタンもアートにしてリノベーションするとか。「歴史を感じさせるやり方」で修繕していくのが訪日外国人たちには絶対にウケます。昔の面影を残して丁寧にリノベーションして、それをSNSやオウンドメディアできちんと発信していけば、「泊まりたい」と思う人は自然と出てくるものです。

せっかく残っている文化資源を壊すような都市型の改修に、意味はあるのでしょうか？ どこに行ってもファーストフード、ファストファッション、家電量販店があってという「日本でよく見る風景」が今、海外から非難されていることは知っておいてほしいです。「日本の開発はどこも一緒だ」と、残念がられてしまっているのが、現状なんです。

安易な「営業案件」に乗ってしまい、価値ある文化資源を壊してしまうのは、「地域の本当の魅力がなにか」がわかっていないからです。外から来る人の目線も含めて、その土地が持つ「未来を見据えた価値」を理解し、地域側で把握しておくことが重要です。

日本の魅力とは、いったいなにか。「客目線」に立って、今一度考え直すべきであると私は思っています。

祭り、文化財、伝統工芸など、日本には全国各地にたくさんの観光資源が眠っています。「観光コンテンツとなりうる素材は、世界有数」と言っていい水準で「すでにある」のです。伝えてないので、知られていないだけ。これらを伝えて理解してもらえさえすればよいのです。価値ある資源はすでに存在している訳なのですから。

テーマ：1-2 マネタイズ

集客面で大いに問題を抱える日本の観光業ですが、「観光客を呼んでから」の設計にも課題は残ります。

「お金を落とす場所」がなかったり、提供する体験価値と値付けにミスマッチが起きていたり。収益化、いわゆる「マネタイズ」がきちんとできていない状況は深刻です。

ことインバウンドに関していえば、「高単価のリピーターを呼び込めるかどうか」も大きな課題ですが、あまりうまくいってるようには見えません。

マネタイズの仕組みを作ることは売り上げと直結するので、非常に大切なポイントです。日本の観光業界が抱える制度的な課題を、整理していきましょう。

問題⑤ 相場がわからず適切な値付けができない！

紀伊半島に広がる巡礼路として、2004年に世界遺産にも登録された熊野古道では、神秘的な山道を歩くウォーキングツアーが人気です。日本では１０００年以上前から熊野三山に詣でようと、人々がこの道を通ってきました。

この熊野古道の散策が今、海外の人にとても人気で、富裕層と呼ばれるインバウンドの人たちもたくさん訪れています。

日本の神道を感じさせる大杉の森を歩き、熊野本宮大社に詣でることは訪日外国人にとってこのうえなく魅力的な体験なのでしょう。たった数時間の散策のために京都から10万円近くを払ってタクシーで乗り付け、ウォーキングし、またタクシーで帰っていくという旅行者もいるとか。いい悪いはさておき、それくらいのコストをかけても挑戦したいアクティビティということです。

そんな熊野古道ですが、現地で案内役のガイドの方を雇うと、いくらかかると思いますか？　ここに資料があるので、載せてみます。

・本宮（発心門王子～熊野本宮大社）
所要時間　３時間30分

料　金　1万5000円（1～5名）　1万3000円（6～20人）

・**熊野三山案内（1日完結）**

所要時間　7時間

料　金　1万5000円（1～5名）　2万円（6～20名）

内容、価格は本稿執筆時のもので、この価格のうち3000円は交通費（2025年2月）。ここで注目してほしいのは値段なのですが、「1人当たりの価格」ではありません。ガイドさん1人につき最大20人まで参加できるのですが、全員合わせての価格がこれです。

ガイドさんは朝早くから支度して、山登りの引率をして、歩きながら観光客に歴史や文化の解説をして、なにかトラブルがあっても対応できるように準備を怠らずに臨んで、その対価がこの価格というわけです。私自身も7時間コースを体験したのですが、ガイドさんは山道を7時間も同行して説明してくれるだけでなく、お客さんからの質問にも丁寧に答えていました。体力、知力、コミュニケーション能力が求められ、ガイドさんへの負荷は相当なもの。それなのに、1人頭で割ると数千円とは……。お支払いをするタイミングで、思わず「安い！」と叫んでしまったのを覚えています。熊野古道のガイドさんの中には一部高単価な人も出てきて、以前と比べると選択の幅は広がってきているようではあるのですが、主だっているのはこの価格帯というのが現状のようです。

熊野古道は2005年と2024年を比較すると外国人観光客が74倍に増え、外国人の割合が6割を超えました。ただし、その歴史や魅力について説明がなければ、自然景観のよい道を歩く体験だけになってしまうことを考えると、ガイドの有無で体験価値は天地の差です。

インバウンドの人たちから、「5万円払うから、英語対応したガイドさんをお願いしたい」なんて声があがるのも当然で、本来、これはニーズに合わせて価格も臨機応変に決めればいいし、その値付けは需給によって決めればいいと私は考えます。あるいは検定のような制度を設けて、上位資格の取得者は高価格にするなど、幅を持たせてよいと考えます。

熊野古道に限らず、ガイド協会の設定で検定のランクが上位でも低くてもある一定をクリアしていれば、ガイド料が変わらないケースが多いです。そもそも、一定の人数以上は一人当たりの単価を追加徴収する方法もあると思います。

日本全国ガイド不足ですが、彼らの賃金が上がらないとガイドは一向に増えず、観光客の体験価値は上がりません。

熊野古道の素晴らしさは、その景観と静謐な山々を歩くことにあるのですから、レストランだのカフェだので消費を呼び込むような施策は違いますよね。むしろ、「このガイドさんに会いに来たくて申し込みました」みたいな人がガイドを担い、見合った収益を取るべきだと思うのです。

自分たちの地域に根付く観光資源の価値を正しく価格に反映できず、安く提供してしまっている事例は他にもたくさんあります。

山だけではなく水辺もしかり。全国各地にあるカヌー、また最近流行のSUPといったアクティビティの価格を見てください。旅行者の目線に立った価格というより、地元の人が「これくらいなら採算取れそう」と安めに出した価格という印象を強く受けてしまいます。これでは本当にもったいないです。

観光客には地域になるべく長く滞在してもらい、隙間の時間に思い思いのアクティビティや体験プログラムを楽しみ、よい思い出としてほしいものですが、今の日本の観光にはまだそれが足りていない地域が多いように感じています。

なぜ足りていないかというと、地元の人がそのアクティビティを運用するには人的リソースが足りていないから。熊野古道のガイドさんにおいては、海外需要増で外国語対応やエージェント依頼の高い要求をクリアできる高単価な方々も増えていますが、まだ一部ではないでしょうか。プライシング理論はなかなか存在しませんが、体験価値に似合う設計にしたら、担い手も地域ももっと潤うと思います。

そのためには、「わからないので安い値付け（プライシング）」はすべきではありません。きちんとお客さんの目線に立ち、納得感のある価格をつけるべきです。

問題⑥ 文化財の入館料・拝観料が安すぎる

日本は「文化財の宝庫」と言っても過言ではない半面、それらが収益に結びついていない状況もあります。

世界中の人から「安い国」と見られている日本ですが、ただでさえ物価が安いのに「無料だったり、安すぎる施設」がとても多いです。

例えば、世界遺産に指定されている京都の清水寺は、春は桜、秋は紅葉が楽しめ、「清水の舞台から飛び降りる」のことわざでも有名な圧倒的知名度を誇る存在ですが、ここの拝観料は500円。海に立つ大きな鳥居の荘厳な佇まいで知られる広島県の世界遺産、厳島《いつくしま》神社も拝観料はたったの300円です。数十ヘクタールもある庭園や史跡でも入場料を数百円しか取らないなんて話はザラで、これでは施設の維持すらままなりません。庭の整備もできなければ、鯉の餌代にも困るといった深刻な話を耳にします。

参考までに、海外の事例を見てみましょう。ロンドンを象徴する歴史的建造物とい

「文化×観光」が地域を活性化させる！

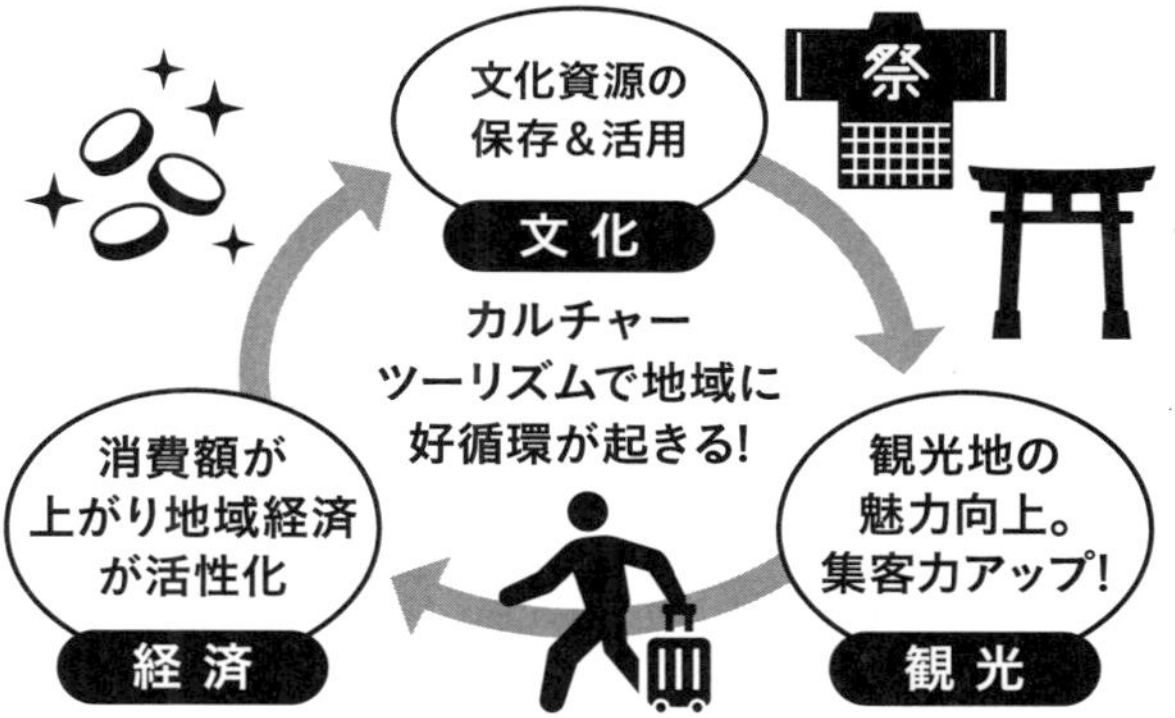

神社仏閣や祭りをはじめとする文化財は、観光客を惹きつけ地域に消費を呼び込む起爆剤になりうるもの。マネタイズ目線を持って活用に臨みたい

えばセントポール大聖堂ですが、こちらは入場料が25ポンド（約４８００円）。パリのルーブル美術館も、22ユーロ（約３５００円）。日本とは雲泥の差です。

神社仏閣、美術館などの拝観料・入場料が安く、さらには入場料収入以外のマネタイズのノウハウがないことも多いのが日本の現状です。これは見直す必要があるのではないでしょうか。

地域住民と観光客を分けた価格設定や、庭園などであれば、開花する時期は入場料金を変更するなどのダイナミックプライシング対応も然りです。詳しくは第三章で述べますが、アイドルタイム（施設の空き時間）を有効活用した取り組みで体験価値の高いコンテンツ造成をするなど、打つべき手はあります。

魅力的な文化財は、観光コンテンツの柱となりうる存在です。日本全国に残る貴重な文化資源の継承、そして文化について理解を深めることを目的とした「文化×観光」＝「カルチャーツーリズム」への注目が今、集まっています。

特に近年では世界の観光業界においても、文化財の持続可能性を重視した〝持続可能な観光〟（サステナブルツーリズム）を目指す機運が高まっており、「現地に根付く文化の持続性に配慮していること」を理由に目的地を選ぶ観光客も海外を中心に増えています。この状況を追い風にしない手はありません。

そのために、観光客を受け入れる施設側は、「マネタイズ視点」の見直しに取り組む必要があります。

・継続のための適切なプライシング
・文化資源を活用したコンテンツ造成と販売

・日常業務を活用した体験型コンテンツの開発
・旅行会社やOTAなど外部連携先での販売強化
・文化資源にまつわる商品開発（特にお土産まわり）
・会員組織の立ち上げ、年間パスの導入
・（企業版含む）ふるさと納税やクラウドファウンディングの活用

文化財は適切な保全をしつつも、積極的に活用するノウハウを養わなくてはなりません。

問題⑦　花火大会や祭りは赤字が〝当たり前〟になっている

近年、地域の重要な観光資源である祭りや花火大会の縮小や中止が相次いでいます。背景にあるのは、自治体や商工会議所などの財政難による、補助金の減額や打ち切り。地域企業のスポンサー減少も相まって、存続できずに消滅してしまう。「祭りや花火大会のほとんどが赤字」という現実を皆さんはご存じでしょうか。

岩手県奥州《おうしゅう》市には、1000年続いてきた「黒石寺蘇民祭」という祭りがありました。五穀豊穣や疫病退散を願い、下帯姿の男衆がもみくちゃになって蘇民袋の争奪戦を繰り広げる祭りなのですが、コロナ禍では「密」すぎるという理由から護摩祈祷だけになっていました。2024年にメインである「蘇民袋」の争奪戦を4年ぶりに復活したものの、これを最後に終了すると発表したのです。

高齢化や祭りの担い手不足など原因は複数あるようですが、運営資金がなくなったことも大きかったようです。この祭り、1回の開催にいくらかかるか、想像できますか?

500万円です。「蘇民祭」は地元の方はもちろん、県外からも見物客が来るほど人気と知名度があったのですが、水沢黒石町には若者が少なかったのか新たな担い手に継承できず、また周辺地域の人材を活用する判断にも至らなかった。資金があれば祭りの担い手の活用という判断もあったかもしれません。

観光資源について私は常々、「ものすごいスピードで変化する社会の中で、変化しないものに価値がある」「今後の観光資源のあり方は、年月を重ねたものの価値を伝えること」と考えているので、このニュースにはショックを受けました。

こんなふうに、花火大会を含む「祭りの消滅」が今、全国各地で起きています。日本には大小30万もの祭りがあると言われていますが、資金不足に少子高齢化による担い手不足、さらにはコロナ禍でノウハウの引き継ぎが途絶えてしまったりで、苦境に立たされています。

それには、マネタイズがうまくいっていないことも大きいです。私も祭りの運営に関わってみて痛感したのですが、祭りの協賛費って本当に低くて、地元の企業さんに「会場で社名が載りますよ」と声をかけても、1社1万〜3万円くらいの協賛金にすぎなかったりします。一部では有料席の設置も進んでいますが、席の設置はできても、

「販売などの運営者を確保できない」

「席が売れなかった」

「雨で中止となった場合の外注費が支払えない」

など、事情はさまざま。なかなかひとくくりで「こうすべき」みたいな提言は言い

づらいのですが、マネタイズ視点が欠けていることは明白です。

・有料観覧席の設置
・協賛メニューを改訂し、金額を値上げする
・神輿や山車《だし》といった〝担ぎ手〟の参加体験
・本祭以外の準備期間の観覧ツアーや参加体験
・祭関連のお土産などの販売
・オンライン参加の投げ銭や寄付

このあたりを、それぞれの地域の事情に合わせて取り組むべきではないでしょうか。例えば、「席を設置する」といっても人手と原価がかかるので、大きい祭りで集客が約束されていればいいのですが、下手をすると赤字になります。

採算が合わなくて終わってしまう祭りが今、結構出てきてしまっていますが、終わらせる前に一度、収支構造を変える試みにチャレンジしてほしいところです。

問題⑧　お土産のデザインが購買意欲を掻き立てない

日本の観光地を訪れて私がいつも残念に思うのは、魅力的なお土産が少ないこと。お土産って人に渡すものだから、デザイン性は高いほうがいいに決まっています。人に渡す＝センスが問われるので、「お洒落なものしか買って帰りたくない」という当たり前の話ですね。けれど、現実では残念な見た目であることが多いです。

サイズ感がおかしいことも、問題だと思っています。ワカメなどの海産物がA4サイズ、時にはそれ以上のビニール袋に詰められて売られているのを目にしますが、日本全国、海に囲まれているのでこの土産スタイルはさまざまな場所で幼い頃から目にしています。それに、この量は一人暮らしじゃ食べきれないじゃないですか。土産をもらう側としても大量の乾燥わかめや魚介の乾き物をもらってもなあと。

実はこれ、ちょっと小分けにするだけでもっと売れます。A4サイズの1／5も入っていないくらいでいい。デザイン性を高くして小分けに商品化すると、お土産ニーズが高まります。購入する側からすれば、コンパクトなので配布しやすく、単価も抑えられるのでお土産市場に刺さりやすいのです。

そもそも市場ニーズが多様化してるから、少しずついろいろ食べたいんです。なら、バリエーション違いの商品も小分けで用意して、いろんな味を楽しめるようにすればいい。

実際、商品のサイズ感を変えたら大成功となった事例もあります。

「この羊羹ちょっと切って、小分けにしたらいいいんじゃない？」

って、切ってみて、かわいいパッケージに替えたら東京駅の地下に入った。人通りの多い通路に面したお土産屋さんに置かれて爆売れ、みたいな事例です。こういうのがとても大事。マーケ目線が詰まっていますよね。

お土産に関しては、そもそもＭＤ（マーチャンダイジング）の問題も根深いです。「ずっと売れないものは今後も売れない」。それでも、ラインナップを変えずになんとなく置き続けてしまっている。

要は、お土産屋さんも50年とか続けて経営していると、お付き合いする業者を切り替えるきっかけがないので、同じ事業者さんから同じものをずっと仕入れていたりするんですね。「売れないものは委託販売だったら受けますよ」という条件で売り場に置いていることも多いです。この状態から新しい業者さんを探すと買い取りになってしまうから、同じ商品を置き続けるという現象が起きてしまっているようです。

でも、これまで売れなかったものは、今後も売れないです。だからといって観光地のTシャツとかをインバウンド向けに振り切って、新しい企画商品として売り出したとて、「漢字を書いておけばいいや」といったような安直な商品では当然売れないため、ここにも「デザインを入れていく」という視点がとても重要です。

商品だけでなく、陳列がバラバラだったり、デザイン性がないのも、もう止めましょう。商品を置く什器もしかり。設置を鑑みない棚や100均のカゴに、とにかくなんでも入れて販売しているのを目にしますが、これではお客さんを逃がしてしまっています。

そもそも、見せ方は重要です。「目線低めの平置きのみ」をまず、見直しましょう。例えば東京駅のお土産屋さんに行くと、売りたい品は「目線の高さ」です。しかもさまざまなものをズラッと並べていて、ひとつひとつちゃんと吟味させる仕掛けです。

お土産の販売に携わっている方はまず手始めに東京駅に行って、構内1階のお土産屋さんを見てほしいです。棚に並んでる商品がバリエーション豊かに、1つの商品がちょっとずつ並んでいます。これが今の売り方なんです。「こっちも欲しいし、あっちも欲しいし」って気持ちにさせるんですね。けれど、地方に行くとだいたい同じパッケージのクッキーを一面に置いたりします。しかも目線が下なので、空間を潰してしまっています。

お金と手間は多少かかるかもしれないけど、見せ方はすごく大切です。陳列の仕方も、きちんと考えたいポイント。什器も重要だということは、強調したいです。とにかくたくさん置いてしまう、目線に合わせた陳列じゃない、什器がしっくりこない。お客さんからしたら購買意欲は湧きづらいですよね。

テーマ：1-3　果てしない担い手不足

インバウンドにしても、日本人による国内旅行にしても、観光業がこれから伸びていくことはあらゆる統計が物語っています。「またとない商機」はすでに地方にも訪れていて、これからさらに盛り上がっていくのですが、観光地から見たときにそれを「受け入れる体制」が整備されてるとは言い難い現状は、一番頭の痛い問題かもしれません。

例えばある地方のビジネスホテルや旅館には、なにを仕掛けたわけでもないのに大勢の観光客が押し寄せるようになりました。普通に考えたら、喜ばしいことです。

ところが、折からの円安で外国人労働者が日本で稼げなくなってしまった。労働者の数が減り、シーツやベッドカバーを交換するリネン係がいなくなってしまった。その結果、なにが起きたかというと、「部屋は空いているのに、人手不足で現場を回せないから客室を2割ほど締めざるをえない」という状況です。

このエピソードは、観光業界に蔓延する「人手不足」や「機会損失」という問題がわかりやすく感じられる事例ですが、話は宿泊事業者の従業員不足だけにとどまりません。

観光コンテンツの作り手、売り手、現地での受け手まで、すべてにおいて人材が不足しています。「果てしない担い手不足」とも呼べるほどの人的リソースの欠如によって著しい機会損失が常態化しており、「稼ぐ機会」も「稼ぐ力」もモノにすることができていないのです。

この問題は、特に地方において深刻です。「日本で今、なにが起きているのか」。まずは、現状を説明していきたいと思います。

問題⑨　観光業界で働く人たちの給与、報酬が安すぎる

私は１９７２年生まれなのですが、自分たちが学生の頃から大手旅行会社のＪＴＢは「就職したい企業」で常に上位にランクインするほど、人気企業でした。ただ、旅行会社は人気がある一方で「給料が安い」と当時から言われ続けており、それは今もあまり変わっていないようです。

観光まわりで言うと、航空会社は比較的賃金が高いと言われ、ＣＡやパイロットは憧れの職種でした。ところが、コロナ禍によって深刻な経営難に陥ると、社員を家電量販店に派遣したり、給料を大幅にカットしたりして急場をしのぎました。コロナ禍

が明けた今でも、航空業界の給与は市場において厳しいという状況で、ＣＡは雇用形態も「社員ではない契約」が増えたと聞いています。

日本の宿泊業も、すべてではないですが従来から給与が低い業界と言われており、観光業の新たな担い手として注目されるＤＭＯ（Destination Management/Marketing Organization）ですら結局は自治体の委託金で運営されるので、組織の中で頑張ろうが頑張るまいが給料は変わらない仕組みです。なおかつ、私が見てきた限りでは、相対的に低賃金のようです。

このように、「旅行業は稼げないから人が集まりにくい」という構造が大前提としてあります。それを補っていたのが海外からの外国人労働者ですが、円安で円の価値が下がったことで日本で働くメリットが薄れてしまい、日本を去ってしまうというケースが全国各地で起きています。

深刻な人手不足という状況に危機感を抱く自治体は多いですが、ＩターンやＵターンなど移住&定住政策は進んでいるものの、即効性はありません。仮にそれで人が戻ってきたとしても、観光の担い手になる人材ばかりが集まるわけではありません。

これから基幹産業として観光がこの国の経済を支えていくのに、「給与が安い、稼げない」で人手不足に陥ったり、サービスが提供できないのであれば、それは改善するべきではないでしょうか。

現実の観光の現場でなにが起きているかというと、けっして「稼げない話」ばかりではありません。先ほどマネタイズのくだりで熊野古道のガイドさんが1人で何人も相手して山道を案内しても、報酬は7時間で1万5000円という話を書きましたが、一方で昨今の富裕層ツーリズムではエージェントを使って日本に来るようなお金持ちが少なからずいます。

彼らは気に入ったガイドを指名して案内してもらい、滞在中に1000万円落とすこともザラです。ガイドさんに渡るチップも1回の旅行で数十万円、なんて話を聞いたこともあります。近年の観光トレンドとして、好きな伝統工芸の職人さんや、大阪を紹介する雑誌で見た飲食店の面白いおばちゃんなど「目当ての人に会いに行く旅行」も富裕層には特にニーズがあり、「話が面白くて語学ができる人」はこの特需の恩恵にあやかりやすいです。これは極端な事例ですが、これもインバウンドの現場で起きているリアルなのです。

けれども、今の日本がやりがちなのは、「値付けができずに安く出しすぎてしまっている」ということ。「マネタイズ」のパートで触れましたが、地域の人が提供するアクティビティが「地元民のなんとなくの感覚」で値段がつけられていて安すぎたりしています。二足の草鞋を履きながら、要は飲食店を経営しながら観光コンテンツを売っているようなケースが多いから、適切な値付けがわからない。あるいはずっとその地域にいて〝俯瞰してみた本当の価値〟がわからなくなってしまっているから、高く売れないという状況を招いてしまっているように見えます。

地域の人しか知らない沢を上るとか、崖から飛び込むとか、少し歩くとサンセットがきれいなビューポイントがあるとか、透き通るような渓流でカヌーが楽しめるとか。「本当は3万円で売れるかもしれない観光コンテンツを3800円で売ってしまっている」ため、そこでしかできない素晴らしい体験やエクスクルーシブな体験は、もとより高い価格で売れるかもしれないのに、先んじて「3800円で売ります」という事業者が台頭してしまうから新規参入もしづらい状況なのです。

地方の過疎化や外国人労働者の減少という問題ももちろんあるのですが、こうした地域の「参入障壁の壁」も見直さなくてはいけません。

問題⑩ ランドオペレーター機能がどこもかしこも欠如している

観光業界における担い手不足でいうと、ランドオペレーターと呼ばれる機能が地域に欠けていることによって機能不全を起こしている事例をたくさん見てきました。

ランドオペレーターとは旅行会社や観光客の依頼を受けて観光地でのホテルやレストラン、現地でのバスや鉄道の手配、また、体験型アクティビティの予約などを受け持つ、観光業にとって欠かせない担い手です。

「この予算で地魚を食べられる温泉宿を手配してほしい」

「春節に中国人観光客からのオファーが殺到しているのでバスをチャーターしておいてほしい」

旅行会社からのこんなオファーを取り持ち、実現できるように予約や手配を進めてくれる、縁の下の力持ち。山を登るガイドをアサインしたり、雨天における急なアレンジメントに対応したりと、観光事業を回していくのになくてはならない存在と言えるでしょう。

近年は個人旅行の外国人もますます増えるので、ランドオペレーターは旅行会社の下請けとして現地の手配をするだけではなく、自ら観光コンテンツ造成したり、OTAを通じて直接販売も担ったりと、観光業界の中でもマルチタスク化しています。

ところが、このランドオペレーターが十分に足りていないことが、日本の観光産業のボトルネックとなりかねない状況があります。というのも、今、国を挙げて各自治体が海外のトラベルエージェントとの商談会に参加を促しています。

実際、日本は人気なので、

「ぜひモニターツアーに参加したい」

「実際にその地域の観光コンテンツを販売したい」

と、海外エージェントから引っ張りだこになるのですが、商談会でつながったトラベルエージェントを現地に招待し、観光コンテンツをプレゼンテーションするところまでは地域の観光協会やＤＭＯが対応できたとしても、いざ販売となると地域に現地のオペレーションを担うランドオペレーターが不足しているため、販売まで至らないケースが多いのです。

つまり、営業はしているけれど結局売られていない。海外からの需要はあるのに、ランドオペレーターという受け皿が足りていないため、売ることができていない。これは機会損失であり、ランドオペレーターがまだまだ少ないことが課題として挙がっています。

各種の統計が示す数値からもわかるように、これからの観光はますます見るだけではなく体験ニーズが高まっていくので、本来なら売り手市場なわけですから、ランドオペレーターの担い手が増えてもよさそうなもの。でも、現状は「地方の単価が安い」「給与が安い」「そもそも日本全体が人手不足」という状況なので、ランドオペレーターを職業として志望する人の手はなかなか挙がってきません。

ピカピカの観光素材があったとしても、それらの体験の予約や案内などのサービスが提供できず、観るだけで終わるなど単価も稼げず、高単価にも結びつかない。だから、人手が集まらない。この悪循環も、ランドオペレーターが不足している大きな要因です。

観光によって地域を活性化するのにランドオペレーターは必須の存在ですし、やり方次第できちんとお金が落ちるようにもなります。少子高齢化による労働者不足は日本が抱える構造的な問題なので、そう簡単に解決しないという前提はもちろんですが、商機は来ています。

担い手不足の解消としては、旅館、ホテルなど異業種からも参入を図ることで、ランドオペレーターやその機能を地域が補完する必要があると考えます。一部の地域では地元の飲食店がランドオペレーター機能を兼ねているケースも出てきており、拡充が待たれます。

問題⑪　二次交通がないので「怖くて地方に行けない」

地方の観光を考えるときに、二次交通がない問題は深刻です。

インバウンドにおいては総量が増えているので地方にも注目が集まっているのは確かですが、とはいえ、都心部一極集中の旅行は増加の一途です。

「日本に来るのは3回目、東京も大阪も京都も行ったし、次は地方にも足を延ばしてみたい」――こんなふうに考えている訪日観光客はとても多いです。けれど同時に、「地方は二次交通がなくて怖い。行っても移動に使う足がない。やっぱり大都市圏にしよう」となってしまう事例がたくさんあります。

地方に行くと驚くほどタクシーがいません。先日、私も痛感したのですが、とある地域の年間90万人が訪れる観光名所の近隣にある温泉宿に泊まった際、タクシーを手配しようとしたら「ここらには夜走ってる車が3台しかいないもんで、埋まってしまってます」と言われて驚きました。年間100万人近くの観光客を呼び込むエリアですらこの状況なのです。

これでは訪日外国人たちが「移動手段がないのが怖くて地方に行くのをためらう」気持ちもわかります。二次交通がないがゆえに起きている機会損失は馬鹿にできなくて、「数千万円の予算で日本に来たけど、移動できないから地方に行くのをやめた」

なんて富裕層観光客の声を聞いたことも一度や二度ではありません。

せっかくの日本旅行で大いに日本の文化や食を楽しみたいと思っている富裕層にとっては、この問題はまさに足枷となってしまいます。

二次交通もないのに富裕層観光の海外エージェントを呼んで富裕層誘致のプレゼンを試みる地域も多くありますが、そんな状態で声をかけても「あそこは移動手段がないから難しい」と×をつけられてしまうだけで販売には至りません。

タクシーの台数は一朝一夕には増えないし、ライドシェアもすぐにとは行かなそうな情勢です。観光市場のこれからを考えるなら、一部では導入されているライドシェアをいち早くもっと広域に解禁すべきだと思うのですが、通常活用できるようになるまでにはもう少し時間がかかりそうです。

二次交通不足問題の背景には、タクシーやバス会社に勤務するドライバーさんたちの雇用問題も関係しています。彼らは彼らで慢性的な人手不足で、日々の仕事を回していくのに必死です。タクシーは台数を増やしたくても地方の就職希望者が少ないし、バスツアーのお客さんを運んでくるバス運転手さんも長時間労働が社会問題として二ユースになるほど過酷。これも給与が安いから働き手が見つからない、という話でもあります。

地域単位で見たときに、観光客を周遊させて消費額を増やすのが観光業のセオリーであり、観光客もそれを求めています。けれど、二次交通がなければ宿から動くことができず、歩いて行ける範囲でしか出かけられません。地域にお金が落ちる機会は減りますし、観光客からしてもホテルにいる時間が長くなるようでは、旅としての体験価値は低くなってしまいます。

二次交通がなさすぎる問題は、一刻も早い解決が待たれます。

問題⑫　課題解決につながる知見者＝ディレクターがいない

ツアー客が全盛だった時代は終わり、今の観光業界は「FIT旅行者が求める多様な体験ニーズ」が生まれ、市場は大きく変化しています。観光業の従事者は「時代に即した観光コンテンツ造成」が求められています。

大手旅行会社や観光協会が手掛けてきた従来通りのやりかたでは取りこぼすことも多く、収益化の機会を逸してしまいがちです。この問題の根本を考えるときに、観光業界にはなにをするにも「ディレクター」が不足しているように思えます。

ここでいうディレクターとは、観光コンテンツの造成、販売、オペレーションの設計、プロモーション、イベント運営に至るまで、起こりうる課題に対して解決策や対処法をきちんと心得た実務経験のある知見者を指します。

例えば城を活用したイベントを実施する場合は空間演出に長けたディレクターを起用しないと実現はおぼつかないでしょうし、新しくお土産を売るとなったら商品や梱包に至るまでパッケージデザインをきちんと「欲しくなるもの」に仕上げてくれるディレクターが存在するべきです。Ｗｅｂサイトを作るという作業ひとつとっても、そのサイトでなにをしたいのか、それにはどんな機能が必要なのか、今風のＵＩ（ユーザーインターフェース）に落とし込みながら構築しなくてはいけません。

ところが、現状の観光業界ではこうした作業を担うのは大手旅行会社の社員さんや、自治体の職員さんたちです。そもそも彼らに専門性が備わってなく、それを持っている人とのコネクションも希薄で、どういう人が適任かさえジャッジできない場合も少なくありません。「Ｗｅｂサイトを作る？　だったらいいところがあるぞ」と組織の偉い立場の人の紹介で業者さんが呼ばれ、よくわからないまま、よくわからないものが仕上がったりしてしまうなんて話をしょっちゅう耳にします。

ここでハッキリ言いましょう。わからないものを、わからないまま手をつけないことです。これは鉄則です。

特に初動では、ディレクターとしてプロジェクトをよい方向に導く知見者にコストをかけてでも依頼すべきです。最初の設計を間違えてしまっては、ゴールは遠のくばかりなので、やりたいことをきちっと汲み取って推進してくれる人を外部から招く必要があります。もちろん、自前のスタッフだけで実現できることが理想ではありますが、最初からうまくいくことなんて、なかなかありません。まずはディレクターをアサインし、その仕事ぶりを横で見て、知見や経験を積む作業を重ねて地域のものにしていくのです。

ディレクターといっても、東京で名前を売っているＷｅｂサイトの制作会社であるとか、クリエイターである必要はありません。むしろ、できればその地域に関わる人の中から見つけるのが理想です。

「ホームページを改修してくれる業者さん、いませんか？」

「今度、文化財を使ったイベントを予定しているのですが、よい制作会社を知りませんか？」

こんな相談を受けることは私もありますが、なるべく私は「その地域でイケてる事業者さん」を探すようにしています。

1時間も検索すれば、その地域のちょっとおしゃれな飲食店のホームページを見つけることはできるわけで、そこのお店に連絡して制作会社を紹介してもらうとか。小規模ながら素晴らしい音楽イベントを見つけたから、そこの運営会社を紹介してもらうとか。全部が全部とは言わないけど、ディレクターもその地域にまつわる人に関わってもらったほうがいいというのが持論です。

大手旅行会社の社員さんだったり、自治体の職員さんには手に余るタスクが生じるのは当たり前ですし、それをよくわからないまま手をつけてしまうのは絶対にダメ。

継続事業を目指すなら、手始めは「知見だけではなく実績がある」ディレクターを活用していきましょう。

第二章　観光行政の慣習は変わらないのか

観光庁の予算の推移

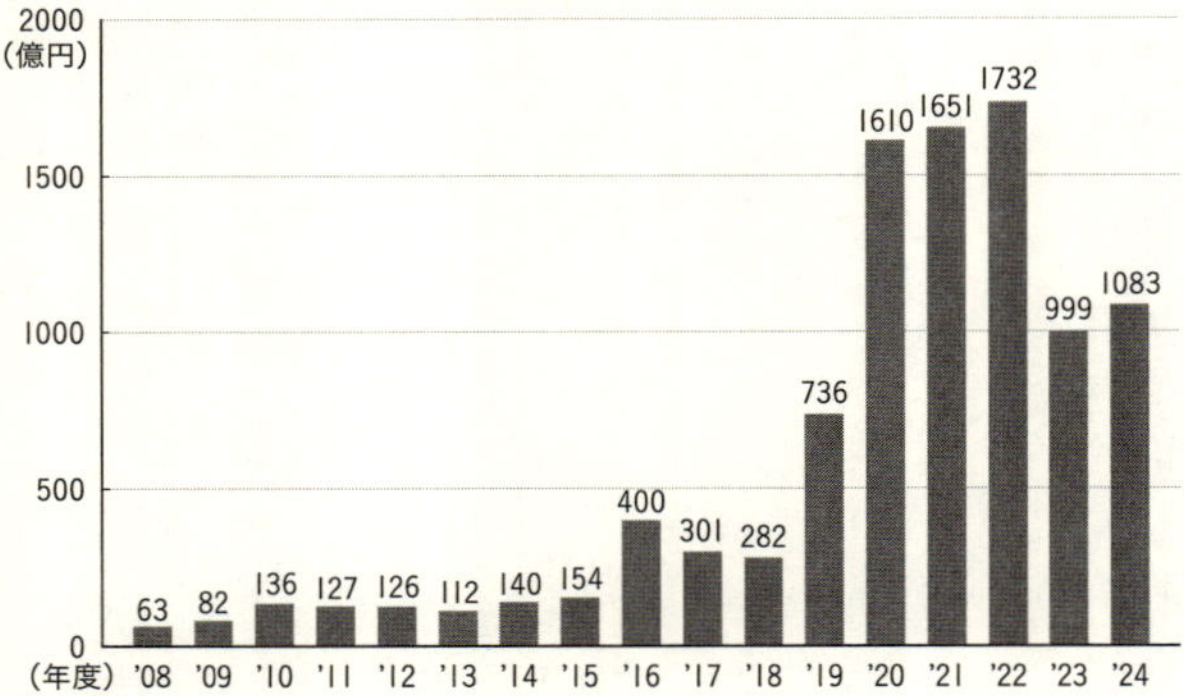

2016年度を境目に、国が観光に力を入れ始めたことがうかがえるグラフ。観光庁が公表している統計をもとに編集部作成

日本の観光産業は、ここ10年で大きく伸びています。

観光庁の予算の推移は上図の通り。２００８年、観光庁が発足したばかりの頃は63億円程度だった予算は、第三次安倍政権となる２０１４～２０１５年を経てグンと伸び、毎年５００億円を超えるまでに至り、宿泊税の導入やビザの緩和など新しい仕組みも導入されています。

予算は「国の意欲のバロメーター」と解釈できます。このことから、「国を挙げて観光に取り組もう」という姿勢は10年前から感じることができます。当時の報道を見返すと官房長官だった菅さんは地方創生や観光分野への発言が多くみられ、インバウンドによる観光消費の拡大、宿泊税の導入による地域の財源確保など、打ち出している方針は今見ても合理的であるように思います。

このように、日本の観光立国に向けてグランドデザインを描こうとしてきたのは事実。ただ、それが観光行政の末端である「現場」まで落ちてきたときに、理念通りに機能しているかどうかは分けて考えなくてはなりません。

公募事業の審査員を経験して気づいた〝リアルな問題点〟

私が観光庁や文化庁のアドバイザーとして、これまでに事業全体では150ほど、地域では50ほどに携わってきました。

自治体との関わり方でこだわってきたのは、「事業を理解し、継続支援をすること」です。一度地域を訪れて終わりにするのではなく、視察して、事業者と一緒に事業内容を固めて、週1で定例会議の場を持つ。事業計画を実行することはもちろん、継続性の高い事業を一緒に作っていくことを心がけてきました。

そんな私が２０１９年の東京五輪直前からコロナを経て、アフターコロナまで全国各地の現場を駆けずり回り、公募案件の審査や採択された現場を見てきて実感したことがあります。

補助金が行くべきところに、なかなか届いていないのではないか。

観光コンテンツを作っても、売らない。プロモーションを効果的に実施していない。きちんと売ったかどうかの検証も、ない。

高額な見積もりを十分に検証することなく、通してしまっている。

ＦＩＴで「勝手に来る人たち」が全盛の時代に、いまだにツアーを重視する思考から脱却できない。

省庁や自治体の人事制度では通常2年間で担当者が入れ替わるため、専門性を持った担当者が育つことなく事業を受け持っている——などなど。

結果、継続性のある事業や観光コンテンツをなかなか造成できずに、あるいは時間やディレクションがないため完成度が高いコンテンツを作れずに販売して、失敗するケースが多くなってしまっているのです。

文化大国とも言うべき我が国には、本来、腰を据えて取り組めばピカピカの観光コンテンツに化ける資源は山ほどあります。国宝や重要文化財はその最たる例で、貴重な文化財を活用した観光コンテンツは「文化体験のある旅行がしたい」層に訴求する希少なチャンス。しかし、たった1年弱の補助事業期間内に、1000年続いてきたような文化財を活用する観光コンテンツを急ごしらえで作っても結果を出せないことが多く、こうなると文化財を管理している側からは「もう二度と貸しません」とNGが出ることもしばしば。管理する側は文化財を保存することが主な使命であり、なるべくなら文化財を触ってほしくない、動かしたりしたくないのが本音ですから。

文化財の話は少し極端な事例ではありますが、多額の税金が毎年、「継続しない事業」に消えていってしまっている現実を前に、

「日本はこんなことになっていたのか……」

と、驚かずにはいられませんでした。

民間企業のクライアントワークに明け暮れていた私からすると、「結果が出せなか

ったら契約を打ち切られて終わり」が当たり前。翌年からの発注はありません。ところが国の助成金や補助金事業では、そうはなっていなかったのです……。

とはいえ、観光業界がこうなってしまうのも、致し方がない面があると私は考えています。「特定の誰か」や「特定の組織」が悪いというより、そもそもの仕組みや慣習に問題があるのではないか、と。

私は特定の政策を考え、打ち出したいわけではなく、むしろ行政の具体的な政策立案はより専門性をお持ちの方に託したいと思っています。民間側で仕事をしてきたマーケターとして、さまざまな現場を見てきた当事者として見てきた「日本の観光業界にまつわる課題」をお伝えしたいと考えている次第です。それらが今後の政策の一助となれば嬉しいです。

問題⑬ 補助金事業は「継続性」を重視できない!?

国の助成金や補助金を使って観光業界を盛り上げることに、異論はまったくありません。なにを始めるにもイニシャルの事業費は必要なので、国のいわば支援金を活用することは、本気で事業に取り組もうとする人には必要な制度です。

そして、予算を活用して、いかに事業の継続性を高く、ちゃんと未来に向けてイノベーションできるようにしていくか？　ということが重要。しかし、それがなかなかできてない現状があります。

本来、お金の使い方は、目的や理念にきちんと沿ったものであるべきです。その点、「助成金事業の多くが単年度事業であるため、継続性が問われにくい」という日本の仕組みは、そろそろ見直さないとまずいのではないでしょうか。

例えばインバウンド市場では、観光コンテンツを造成して海外に販売するまでには、どんなに短く見ても半年間はかかります。単年度という1年間の年度内に商品を造成して売る、というのは物理的にも無理があり、難しいです。国の公募事業は申請期間や審査期間で3か月はかかるため、実際の事業の開始は7月頃となる場合も多いのです。もう少し、造成して販売する事業者側のスケジュール感に立った事業期間を設けられないものかと思うのです。

それに、単年度事業だと「採択さえされてしまえば、事実上結果を検証されずに終わってしまう」という仕組みも問題があると感じています。

事業者は年度末に報告書を出すものの、実質的に書類報告なので、売ろうが売るまいが、その人たちはその後、責任を問われることがほとんどありません。翌年度に「どうだったか？」という検証もなされないし、省庁や自治体も担当者が頻繁に変わってしまうため、採択事業がどうなったのか誰も追いかけられません。

わかりやすい例で言うと、年度末の3月に「造成したコンテンツが今できあがったので、夏に向けて売ります」と報告書に書いてあっても、新年度の4月を越えると本当に夏に販売したかどうかをチェックする機能が行政側に備わっていない事業が多く、実際は販売していないケースさえあります。

そもそも、12月には予算が大体決まり、2、3月頃になると翌年度の公募が出始め、事業者の意識や作業はどうしてもそちらに向いてしまい、当該年度の事業はおろそかにされてしまいがちです。こうしたことの繰り返しで継続性のないことにお金が費やされ、結果、地域には「売れるかどうかわからない観光コンテンツが中途半端に作られては忘れ去られていく」という現象が起きてしまっています。

観光の繁忙期に「適切なマーケティング」ができない!

このような状況下で次年度以降の事業継続性に責任を持たずに、補助金獲得のために地域へ営業を行い続ける「補助金ハンター」と揶揄される観光関連の事業者やコンサル、広告会社が多く存在します。民間事業者は利益確保できますが、自治体、地域側にとっては結果も見ずに徒労に終わってしまうだけでなく、素晴らしい観光資源や文化資源の活用が中途半端な状態で扱われてしまい、本来のポテンシャルを活かせずに「売れなかった観光、文化資源」とされてしまうことは由々しき事態ではないでしょうか。

「あくまでも単年度事業」という制度設計が、観光のハイシーズンである春と夏に適切なマーケティングを打てない状況を生み出していることも見過ごせません。

年度事業のスケジュールとしては4月に公募申請が始まって、7月に採択されて、

8月から採択事業者による事業が始まって……年度末、多くは2月末までに駆け込むように事業を終わらせることが多いです。

本来は「ちゃんと人が来ている時期＝多くの地域の観光のオンシーズン＝春夏」にマーケティングを打ってデータを得るべきなのに、それが物理的にできない。採択通知を受けたとしても観光庁などの省庁側から、「今日から事業スタートしていいですよ」って言われない限りは、1円も経費を使えないのです。

つまり、OKが出るまではなんの仕込みもできない、これがルール。だから、本来であれば温かい陽気の春から夏にかけて実施するような事業も10月以降、真冬になってからようやく事業を行うので、テスト的な実施だとしても気候に差がありすぎてリアルな実証実験は難しい。

有形文化財を活用する場合は、「文化財に暖房設備がない」それでいて「火気厳禁」といった極寒の中での体験となることもあり、本当は夏に実施しますと言われても想像がつかない。複数年度にまたがる継続事業として取り組むことが制度的に難しいので、こんなちぐはぐなことが起きてしまうのです。

また、複数の省庁にて、類似の公募事業が行われており、地域や事業者側からは違いがわかりにくく、各省庁間に連携がないためにこのような事態となっていますが、もっと連携し、なおかつ事業の成功事例や課題感を共有し合い、今後の政策につなげていくことも重要かと思います。

「書類作成」が優先される現場の事情

繰り返し述べているように、「FIT で勝手に来てくれている人たちに、いかに日本の価値を理解して消費してもらうか？」「高付加価値な体験型のコンテンツを提供できるか？」というのがこれからの日本の観光では重要ではありますが、この大事な過渡期に単年度事業を優先させるがゆえ、良質な観光事業ができずに販売がままならないことは問題かと思うのです。

さらに言うと、毎年公募される国の補助金事業の設計そのものに「新規性」が求められる傾向があるため、既存事業への補助金は出にくいという現状もあります。要は申請する側は継続事業とすることができない。「去年やったじゃん、それ」ってなるわけです。

3か年で実施するような事業なども最近少しずつ増えてきてはいますが、まだまだ年度単位の事業公募が多く、補助金を獲得して事業に着手しても、販売までのスキームが年度内で組めずにそこで補助金も途絶えてしまい、せっかく花開きかけたコンテンツや着手しかけた組織体制が中途半端で終わってしまいます。

こうした仕組みを前にすると、事業者は「事業の結果」よりも「次の年度の申請業務」を優先するようになってしまいます。

公募の審査は書類審査のみが通常であり、申請書自体は行政書士的なペーパーワークというか、うまく書類をまとめる能力が高い事業者が評価されてしまいがちです。採択（審査）する側も書類のみでは誰が優良事業者なのかわかりにくく、公募申請（書類の作成業務）を得意とする事業者が採用され続けることになってしまいます。

結果が出なくても責任を問われず、翌年も仕事を受注できてしまう（補助金を受けられてしまう）。ここが民間企業と根本的に性質が異なる点です。

私も長い間、ＰＲやブランディング、イベント制作という領域でクライアントワークをしてきたのですが、補助金事業は違います。結果をあまり問われず、失敗しても厳しく咎められるようなこともありません。次にまた申請して、その申請資料がうまく仕上がっていれば、その事業者のプランが採択されてしまう。これでは、継続性のある事業が生まれにくくなるのも、致し方ないと思います。

問題⑭　申請者も審査側も、事業経験者の不在が目立つ

これまで公募の申請書類は１５００件以上、目を通してきましたが、痛感するのは「公募を作る側にも、審査する側にも、実際の事業経験者があまり存在しない」ということです。公募を作る側とは要するに省庁側で、審査する側とは「有識者」と呼ばれる民間事業者というよりは大学教授など教育機関の研究者や公的な立場の知見者の方々が多いです。

この有識者とは「特定の分野の知見」、例えば環境保全や文化財の知見、ルール策

定などには明るいかもしれません。もちろん、こうした専門的知見は重要です。でも、その事業の制作期間にどれくらい時間がかかるとか、人手がかかるとか、費用対効果がどうであるとか、そういったことには専門外なので、「事業申請書」を見てジャッジを下すのは難しいと思います。

公募事業を審査するうえで「実行力はあるのか。継続性はどうなのか」ということも重要な判断基準です。知見者の方々に事業経験がなければ、その事業申請の予算に対しての実現性、継続性の判断は危うくなってしまいます。

例えば、ある自治体でホームページを改修しようとなったんですが、事業者から見積りとしてあがってきた金額が2000万円だと言うのです。どう考えても実施内容に対してそんな金額はかからないのにこの価格で申請されて、それをきちんと自治体側が検証することなく通そうとしていました。「これはおかしい」と思った私は、馴染みのWeb制作会社の人に聞いてみたのです。すると、返ってきたのは「どんなに高く見積もっても800万円ですね」という答えでした。

このように、適切でない金額を請求され、それに誰も気づかず、また判断できずに通してしまっているケースが散見されるのです。「発注する側が見積もりを判断できない問題」があちらこちらで起きていることは、やはり改善すべきではないかと感じるのです。

また、見積もりだけならまだしも、重要な中身のコンテンツの精査ができないことも問題で、金額も然りなのですが、そもそもの内容が判断できない。百歩譲って2000万円かけてサイトを改修したとしても、それが見やすいとか見やすくないとか、情報が最適化されているのかとか、今のデバイスに合っているかどうかの判断がきちんとなされていない事例を多く見受けます。

補助金事業は、「中身よりも予算ありき」となってしまっていることが多いと私は感じています。本来800万円でできる内容について2000万円の予算に合わせて振り分けられていたり、逆に1000万円必要な施策も500万円しか予算枠がないために中途半端なクオリティで納品されてしまっているケースが多いように思います。これらは事業の内容も然りですが、実現性や継続性という審査側の目利き力を高めることで改善できると思っています。

もちろん、公務員の方々や大学の先生方がご自身で事業を手掛けるタイミングなんてそうはないでしょうし、かといって民間事業者でもすべての事業やコンテンツに精通できているわけでもありませんが、政策の目的である「観光の振興」を続けていくうえでは、実業の部分について経験値があり「お金の使い方」や「スケジュール感」「事業の体制の作り方」などの視点が必要ではないか、と言いたいのです。

プロポーザルを「申請する側」にも事業経験者が少ない

本章で取り上げている、国や自治体が外部に事業を委託する「公募事業＝プロポーザル」という制度は、定められた企画に対して提案書や企画書を募り、事業者を決定する制度なのですが、ジャッジする側だけでなく、申請する側（事業を実行する側）にも事業経験者が少ないことも問題です。

コンテンツ造成やイベント制作、プロモーションの経験がない旅行会社の社員やDMOの担当者が、未経験のためよくわからないまま手をつけ、実務を担っているケースが多く見られます。

国の補助金事業はコンテンツ造成からウェブサイト制作まで多様なメニューがあり、当然、それぞれのカテゴリーで知見が求められます。ところが、事業内容によって申請者や実務担当者が大きく変わらないのが実情です。これでは高い納品力は期待できず、商品化できるクオリティに仕上がることはほぼありません。

むしろ補助金を獲得すること自体を目的としてしまう傾向もあり、事業実施よりも申請のための資料作成スキルばかりが蓄積しています。

さらに、申請者側は事業の経験値だけでなく人的リソースも少ないため、採択後は外部業者に再委託するのもよく見られる光景です。

再委託される事業者が適切であればよいのですが、委託先が実効性に欠けたり、予算制約もあり納品がままならない事業も多いようです。

国も自治体も「2年で交代」

この背景には、省庁側の担当者が基本的に2年で交代してしまうという「公務員の人事制度」の影響も無視できません。

そして同じく自治体側も原則2年で交代してしまいます。立ち上がった当初は熱意溢れるメンバーがアサインされ、知見を蓄積したとしても、人事異動によって担当者が入れ替えとなり、忙しさゆえ引き継ぎもろくになされないままバトンが渡されてしまうことも少なくありません。

そうなると、公募内容が年度で刷新されているのに、引き継ぎがないがゆえに時には数年前と同じ轍を踏むような逆戻りの施策が取り入れられたりして、申請側が振り回されてしまいます。

また、公募資料自体も行政サイドの用語記載も多く、申請側が読み解けないような難解なものも多いです。成果を生める事業申請者たちが、慣れない申請書類作成や精算業務に追われ、パフォーマンスを発揮できないケースも散見されます。

毎年変わる仕様に、申請側も公募を読み解くことで手一杯になってしまう。これでは、事業継続はもとより、補助金事業の成果や分析も危ぶまれるのではないでしょうか。

過去の知見や成功体験が継承されないまま新たな補助金事業が展開されてしまうのには、このような仕組みの問題があると思うのです。

問題⑮　インバウンドに向けたターゲット設定は正しいのか

世界の観光を取り巻く環境は、ものすごいスピードで変化しています。日本政府観光局（ＪＮＴＯ）によると、２０２４年の訪日外国人数は過去最高の３６８６万９９００人。訪日外国人の旅行消費額も８兆１３９５億円を記録し、このトレンドは今後、ますます伸びていくと予測されます。

では、観光客たちはどんな地域から日本を訪れているのでしょうか。国、地域の推移を見ると、次の通りです。

国／エリア別に見た訪日外国人の状況

2024年の訪日外国人の総数　3686万9900人

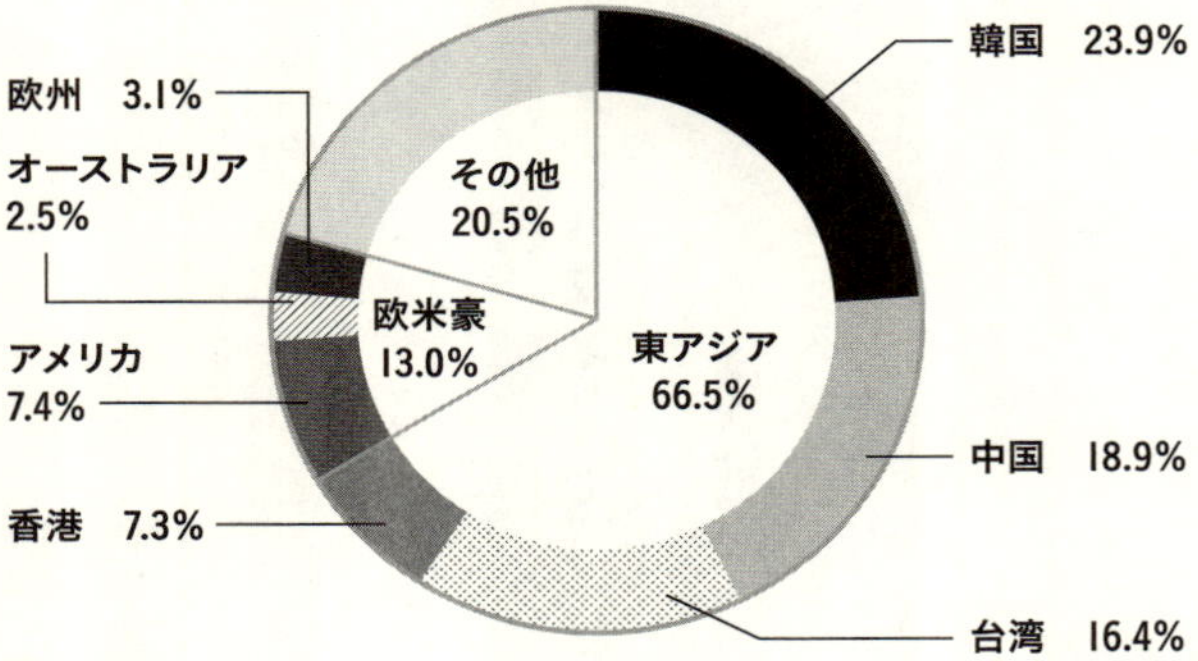

欧米豪の重視が叫ばれる中、実態は東アジアが過半数を優に占めるのがインバウンドの現状。観光庁発表の統計から編集部作成

１位　韓国　８８１万７８００人
２位　中国　６９８万１２００人
３位　台湾　６０４万４４００人
４位　アメリカ　２７２万４６００人
５位　香港　２６８万３５００人

約７割弱が東アジアからの訪日で、逆に欧米豪は合わせても全体の13%となっています。これが２０２４年の我が国を取り巻くインバウンドの傾向です。

ところが今、インバウンド観光市場のトレンドとしては「欧米豪からのお客さんを誘致しよう」という傾向があって、そこに予算を多く割いています。

長期滞在すると言われているフランス人やドイツ人は一度来ると20日間程度滞在する人が多いのも事実で、「長くいてもらえる人を周遊させるほうがいいよね」という考え方は間違っているわけではありません。欧米豪、特にフランスやドイツから来る旅行者は日本の文化に対する興味・関心も高く、理に適っているとも言えます。

一方で、各国の旅行者が「これまでに何回、日本に来たことがあるのか」というと、韓国や台湾、香港、さらに渡航規制の緩和でこれからより増えるであろう中国からの訪日観光客は、人数もさることながら訪日の回数がとても多いです。4回目、5回目が多数を占めていて、香港に至っては10回以上も来ている人がなんと4割近くを占めています。東アジアの人たちは想像以上にリピートしてくれているのです。国内旅行をするくらいなら、サクッと日本に行っちゃおうか、的なノリです。

対して、欧米豪は日本への訪問回数が1回目がなんと約7割を占める。旅のスタイルが長期なので、今の大幅な円安が大きく後押ししていると推察できます。こういう人たちが2回目来たくなるようなマーケティングはもちろん重要なのですが、1回目となるとまずは、東京、大阪などの都市が基本となります。初めて日本にくる層に対して、しかも海外の方に向けて地方誘致のマーケティングを行うのは非常に難しいのではないかと感じるのです。

インバウンド市場としておよそ7割を占め、しかも訪問回数が東アジアの中でも台湾、韓国、香港は4回以上がボリュームゾーン。これらを鑑みて、特に地方のインバウンド観光としては東アジアの人たちを置いて、欧米豪市場ばかりを重視するのは、マーケティングとして合っているのでしょうか。「国内旅行をするくらいなら、日本に行こう」っていう人がこんなにもいてくれてる中で、良質なリピーターを増やす視点はもっと持ったほうがいいと思うのです。

第一章でも詳述したように、日本国内の観光産業は担い手がどこもかしこも不足している中で、「日本旅行に慣れている人たち」なら観光地にかかる負荷も軽いでしょうし、こうした方々がより多くお金を消費したくなるような設計にすることも大切ではないでしょうか。

また、「欧米豪の人たちは何泊もするから、観光消費額の総額が大きい」という考

国別に見た「訪日回数の内訳」

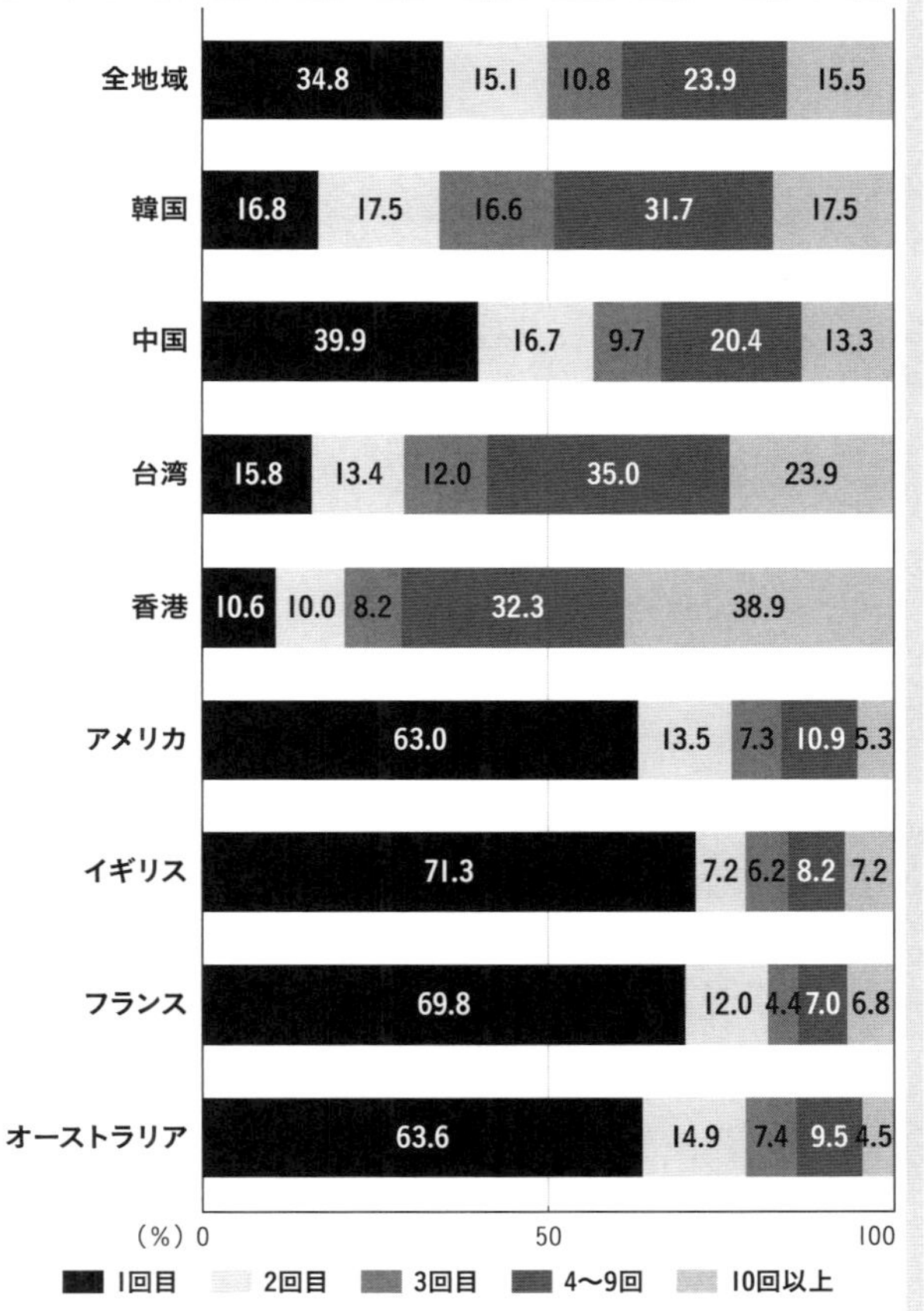

欧米豪は約7割が初めての訪日客が占める中、東アジアは圧倒的にリピーターが多く、香港は「10回以上」が4割近くも！　観光庁の統計より編集部作成

え方は間違ってはいないのですが、1泊当たりの消費額を見ると、面白い数字もあがってきます。

全国籍平均	2万3410円
韓国	2万7638円
台湾	2万8518円
香港	3万2027円
中国	3万0601円
アメリカ	2万3559円

これは2024年7−9月期の一時速報ですが、東アジアの何回も来てくれる人たちは世界平均よりも多くお金を消費していますし、この統計をみる限り、アメリカからの旅行者は世界平均とほぼ一緒。「欧米豪はお金使うよ」と言われてきましたが、本当にそうなの？　と調べてみたらそうでもなかったという話ですね。

ちなみに、近年の国の補助金事業で作られたコンテンツ（ツアー）の多くはインバウンド誘致のみが謳《うた》われがちで、日本人に向けても販売実績がなく、情報すら不在です。販売サイトなども日本語サイトは存在せず、英語と中国語のみでの対応になっている事例も見受けられます。

外国人旅行者向けのランドオペレーターやガイドさん、販売網を持っている事業者ならばインバウンド商品販売が実現できると思いますが、外国人旅行者に対応できる人的リソースを持っていない事業者が事業を採択して事業化したとしても、その後、販売していないというケースは結構あります。

日本人向けにも実施したことがない商品を、外国人向けにいきなりコンテンツ造成して、しかも海外に売ろうとするのはかなり無理がある気がします。

インバウンド向けの補助金については、他事業での海外への販売実績や、国内基盤を持った事業者に提供しないと、実現は難しいのではないでしょうか。

問題⑯　コンテンツ造成に重きが置かれ、プロモーションが足りていない

これまで自分が関わってきた公募事業を見渡す限り、その内容は「コンテンツ造成費」と言われる観光体験の造成事業が多い印象があります。日本には観光コンテンツがまだまだ足りていないと言われますが、本当にそうなのか。

本書で何度も触れているように、日本は観光資源の宝庫であり、これまで毎年のように予算が組まれて観光コンテンツの造成事業を繰り返してきました。

地域の主だった観光資源は、すでに一度は旅行会社などが触っていることが多く、過去にコンテンツ造成されたものは無数にあります。

それがさまざまな理由で販売しなくなった。あるいは前述したように「造成したものの販売していない」実態も見られます。このような現状を鑑みると、公募事業で税金を使い、新たに観光コンテンツを作り続けるだけでよいのでしょうか。

これからの観光体験を求められる時代は、観光コンテンツを本当に販売することが

必須となっていくでしょう。なぜ売れないかというと、せっかくコンテンツ造成をしても認知やプロモーションが足りていないことも大きな要因だと感じています。年度事業の縛りから実施期間が短いため、プロモーションのスケジュールが引けないこともありますが、プロモーションにかける予算が公募事業では制限されているということも、販売に至らない理由であると思います。

とにもかくにも、今の旅行スタイルは「旅行会社を通さず、個人手配で日本に来る」わけですが、日本の観光事業者側のプロモーションおよびPR不足によって、海外の人はもとより、国内の旅行者ですら体験コンテンツにたどり着けない状況です。

きちんと「売る」ためには「伝える」ことが重要

今までは旅行会社がツアーとして扱ってくれれば、旅行会社のサイトやパンフレット、会員向けメールなどで販促を肩代わりしてくれていました。でも、今はホテルも体験も自分で探して、選ぶ時代です。観光事業者は自社サイトでも、インスタグラムでも、OTAでも販売することはできます。販売チャネルはさまざまなので、今はプロモーションのノウハウを蓄積することが重要。よって、「観光コンテンツの造成」ばかりに重きを置くのではなく、プロモーションにもきちんと予算をかけられるような公募の仕組みがあってしかるべきではないのかと思うのです。

「プロモーション周りは全体の1～2割に抑えなくてはいけない」

「物品購入の上限は10万円まで」

「Webサイトや紹介動画など『後に残るもの』、いわゆる資産化されるものには補助金が使えない」

公募事業の場合、予算の使用についてこのような制限があるケースを見てきました。目的であるコンテンツ造成や販売をするにあたり大きく支障をきたし、非常に活用しづらいルールも少なくありません。

もちろん、公金なので使い道をきちっと定義することはものすごく大切なのですが、プロモーション費用の制限枠についても説明の通り、今後は自力で販売することが求められる中で、観光コンテンツの魅力を伝えていく機会と場所が制限されてしまうと、顧客となる人に情報が届けられません。

きちんと「売る」ためには、きちんと「伝える」ことが重要です。プロモーションを軽視せず、機能させる仕組みが必要ではないでしょうか。

問題⑰　「富裕層向けの事業」が実態に即していない？

補助金というのは、そのときどきによって出やすいテーマがあります。最近だと「富裕層観光」でしょうか。オーバーツーリズム、観光公害の観点から、たくさんのお金を落とす富裕層に向けた観光コンテンツに目を付けること自体は、なにも間違っていません。

ですが、現状の公募でよく目にするのは、「5万円の観光商品を15万円で売ること」を要求するようなもの。現地には安いツアーや観光コンテンツが足りていないのに、マーケティングがゼロの状態から、いきなり振り切って高額なコンテンツを作ろうとする。この傾向に危うさを感じます。

そもそも、現地にはガイドさんや通訳の方からタクシーなどの二次交通まで圧倒的に人員が不足しています。そんな中で、観光商品のオペレーションも危うい状況です。そのうえ、公募を策定する側も高額商品の造成はおろか事業経験がないため、双方を鑑みても販売にまで結びつけることは難しいです。

お客さんとして呼び込みたい富裕層のニーズを肌感覚で理解するには、その人たちと同じ、あるいは近しい体験を経験しておくべきだと私は思うのですが、現実はそのような経験や視点を持っていない人たちがよくわからないまま手をつけ、「富裕層向け」とされる高額商品を作っています。しかも、それを現地で叶える人員もいなければ、販売する人もなかなかいません。

これも致し方ないことなのですが、規定として事業の制作サイドはグリーン車を使ってはいけない、宿泊は一泊いくらが上限など細かく規定されています。これでは、「富裕層向けコンテンツ」を作るにあたって、マーケットインに即したものの考え方や、カスタマージャーニーから逆算してコンテンツを作るというアイデアや発想に至りません。居心地、いわゆるサービスも重要なので、作り手側の体感は大きく寄与すると思うのです。ただ単に値段が高ければいいというものではないのです。

こうした事態を避けるためにも、公募策定にかかる人材には、事業知見者を配置すべきかと思います。高付加価値とは価値の高い体験であり、高額なサービスではありません。もし実行するにしても勝ち筋を見極めたうえで、「まずは倍額から」「ミドルクラスから狙っていこう」「継続できる方法でやりましょう」といった具合に、地域にフィットしたやり方で進めていくべきです。

「予算がつくから」に振り回されない

「地域にフィットしたやり方で進めていく」ということに関しては、国の政策に引きずられてしまいすぎていることも、気になっています。

地域の観光実情は多様であり、国の政策を「すべての地域に当てはまるもの」にすることは不可能です。だからこそ複数の政策が提示されており、地域側が地域の実態にあわせて選択する仕組みのはず。しかし、予算がつくからといって地域に必要のないものに取り組んでしまう地域が多いことに、私は危うさを感じています。

国側にあわせたことで予算が獲得でき、その1年は事業者に多少の利益が残っても、その後に売る人材がいないとか、回していく人材がいないものに手を出して継続できないのであれば、本来の趣旨である「観光資源づくり」とは関係ないことに取り組むことになり、1年が無駄になってしまいます。この損失はとても大きいのではないかと思うのです。

この問題については、自治体や事業者が「本当に自分たちの地域に必要かどうか?」を見つめる視点を持つべきです。

例えば今、国が「富裕層向けのコンテンツ作り」を呼び掛ける事例がとても多いですが、それよりも、取り組まなくてはいけない多くの課題がある地域も多いと思うので、きちんと戦略を作れる知見者とともに検討を重ねてほしいものです。

私は富裕層観光を否定しているわけではありません。日本が持つ魅力を理解し、体験してくれ、そこに高額な消費額を提供してくれる観光客は必要ですし、このようなリピーターを増やしていく必要があります。地域が継続できる取り組みをすることが重要という話です。

問題⑱　DMOはあるべき役割を果たせているのか

今後の観光業界を見据えたときに、意識すべきキーワードが3つあると提唱されています。

まず、1つ目がサステナブル・ツーリズム（持続可能な観光）。国連世界観光機関（UN Tourism）の言葉を借りるなら、「訪問客、産業、環境、受け入れ地域の需要に適合しつつ、現在と未来の環境、社会文化、経済への影響に十分配慮した観光」とされています。

これは不要なプラスチック製品を使わないといった話にとどまらず、地域の環境や文化、経済を守り、育むという意識や気持ちを持った観光客が増えているということ。

特にフランスやドイツから来るインバウンドの人たちは、サステナビリティに対しての意識がものすごく高いように感じます。

2つ目が、レスポンシブル・ツーリズム。観光客が訪れる場所に対して責任を持ち、環境を破壊しないとか、地元の文化に対して敬意を払うなど、旅行を通じて地域社会への影響に配慮した行動をとる考え方です。観光公害を起こさないように地域社会が観光客側に配慮を求める動きも、この考え方に該当するでしょう。

そして3つ目が、トランスフォーマティブ・ツーリズム。「旅行で得た体験やインスピレーションを日常生活に持ち帰って活かしたい」という旅行者のニーズに根差した行動様式で、自己の内面と向き合う旅とも言えます。自然や祭り、文化財など観光資源がたくさん眠る日本は世界中の旅行者から神秘の国として見られており、自己変革の機会を旅に求める人が旅行先として選ぶのも、うなずける話です。

DMOのあるべき姿とは？

こうした世界のトレンドをうまくすくいながら、観光業は時代に即した変化をすることが求められますが、その担い手として鍵を握る組織があります。DMOです。

ＤＭＯは観光先進国で早くから導入され、日本では２０１５年に制度として導入された法人格です。期待される役回りは、地域の観光経済圏の司令塔機能として、

○観光圏全体の戦略設計、課題・目標設定
○実現に向けた関連プレイヤーの連携体制づくり
○観光における重要プロジェクトのコーディネート

などがミッションとして挙げられます。

地域の観光事業者、宿泊施設、飲食店と連携したり、行政と観光振興計画を策定したりと官民連携で観光にまつわるさまざまな問題を解決する橋渡しをして、地域の観光経済を活性化させるのが使命です。現在、日本には３００強のＤＭＯが存在すると言われており、今も増え続けています。

このように、イノベーションを起こす役割を期待されるＤＭＯではありますが、理念通りに機能しているかといえば、うまくいってる組織も一部には存在する一方で、

なかにはそうでない事業者が散見されるという難しい現状があります。

まず、ＤＭＯに籍を置くメンバーにマーケティング経験者が不在だったり、自治体からの出向者や地域の関連事業者からの天下りでメンバーが構成されるケースも見られ、また運営費が自治体から捻出されることもあって、新しいことに挑戦するインセンティブがなかなか起きづらいのです。

また、ＤＭＯが公募に申請を出すと、それだけで審査の工程で加点とされる公募事業も多く、新しいことに挑戦しようとする後発事業者からすると点数的に不利になってしまいます。

ＤＭＯはこうして受注した事業を別の旅行会社などに再委託するケースも多く、実質的に「採択を取りに行く組織」として機能してしまっている面も否めません。ひとつの公募としては「全国まんべんなく」的な考え方もあるため「１エリア１採択」という暗黙のルールに近い〝決まり事〟があるのですが、その枠がＤＭＯで埋まってしまうのも考えなくてはいけない点です。

日本の観光を再生していくのに旧態依然の人たちが、また今度ＤＭＯという新たな組織で「新しい観光経済圏を作ろうぜ」と言っても、自治体から人件費などの運営費は捻出されるし、給料が変わるわけでもないので、売り上げを立てる必要性にも駆られません。観光圏を作るための法人格なのに観光コンテンツの予約や販売のためのアカウント1つ開設できないＤＭＯも散見されます。

健全な観光経済圏を作ることこそＤＭＯの使命

地方の行く先々でよく聞く話が、「コンテンツを作っても地域で売る場所がないんです」という悩み。ＤＭＯが「アソビュー！」など多様にあるＯＴＡのチャネルを持っていれば、そこで販売すれば解決する話です。でも、「予約が入ったら誰が受けるの？」という話になる。それもＤＭＯで受けられる体制にすればよいと思うんですが、「そんな人員はいなんですよ」とすぐに返される。で、売れない。

観光コンテンツを作る人、予約を取る人、現地で回す人、すべてが足りていない。だから少し手を伸ばせば素晴らしい観光体験が可能な地域も、見るだけの観光で終わってしまう。こういった状況に陥ってしまっているケースは、結構あるのです。世界の旅行者に「サステナブル」「レスポンシブル」「トランスフォーマティブ」な旅の体験をより強く与えるには、運営事業者の人手が壊滅的に不足しているという問題の解決が不可避です。

ＤＭＯの中には、健全な観光経済圏を作るためにひとつひとつ努力して、形を作っているＤＭＯもちゃんと存在します。日本全国で３００強も存在するわけなので、この組織が機能を果たさないといけません。ＤＭＯが健全な観光国の構築のために、理念通りの働きができるようになってほしいと願います。

問題⑲　観光庁、文化庁の縦割り制度。基幹産業がこれでいいのか？

国内旅行だけ24兆円の観光消費があり、インバウンドも8兆円を超えました。売り上げは今後ますます伸びていくと見られており、少子高齢化に喘ぐ日本にとって観光業が数少ない成長産業であることは、皆さんも実感されていると思います。

大きな期待が寄せられる観光業ですが、国という枠組みで見ると国土交通省の傘下にある観光庁と文部科学省の傘下にある文化庁のふたつに管轄されています。今後、日本の観光業界がさらなる成長を遂げるために、この2つを統合して「文化観光省」もしくは「観光文化省」に格上げするべきではないかという議論もあり、私もこの考え方には賛成です。

現状、国土交通省に観光庁が置かれていますが、観光の本質は移動ではなく「何を体験しに来るのか」という中身にあります。

一方で文化庁は文化財の管理や保全の業務が多いですが、本質的な使命はそれらの価値をしっかりと伝え、後世に継承していくことです。そのためには文化資源について「学ぶこと」に加え、文化資源を活用して皆さんに体験してもらう場を作ることも一手かもしれません。

文化財を活用したコンテンツを体験すると、人はよりダイレクトに魅力が理解できるので、「伝える力」が強くなります。こうして後世に受け継いでいくやり方もあると思うのです。

移動ではなく「体験」の中身を問われている「観光」と、文化財という財産を継承していくために「体験」する場を必要とする「文化」。この2つが一緒になるのは、理に適っているのではないでしょうか。

第三章

観光産業の当事者が今すぐ取り入れるべき7つの処方箋

ここまでは、日本の観光業に横たわる問題にさまざまな視点からフォーカスし、その課題点を論じてきました。では、そんな現状をどのように変革すれば、収益化が図られ、持続可能な観光集客のサイクルを回せるのでしょうか。

本章では、これまで私がさまざまな現場で積み上げてきた経験を紐解きながら、追加の予算やリソースをそこまで割かずに取り組める施策、いわば「観光ソリューションの処方箋」を紹介していきたいと思います。

処方箋① 伝える力の向上

私がアドバイザーとして自治体に関わる際、毎度のように痛感するのが「ＰＲに対してほとんど有効な施策がとられていない」ということ。素敵な観光資源があっても、それが埋もれていて、世間に周知されていなかったら宝の持ち腐れです。まして、今もっともスピード感を持って取り組むべきことは海外からのインバウンド客を取り込むこと。国も言語も違う方々に存在を知ってもらうためには、ＰＲに重点を置かねばなりません。

プレスリリースの定期配信。作業計画の礎に！

その意味で、イベントや新規事業を発表する際、メディアへのプレスリリースは必要不可欠です。目的は取材を呼び込むこと。ただ単に日時と場所、概要を記しただけのプレスリリースではメディアの興味を引くことはできません。特異性や希少性を明記し、「ここでしか体験できない」、「今が旬」といった印象を持たせ、記者さんやディレクターの方に「取材したい」と思わせることが重要です。

プレスリリースの発信は、作業計画を推し進めるという効果もあります。メディアに向けて事業の開催、ならびに概要を伝えるわけですから、いわばこれがデッドラインになります。事業を始める際、いつプレスリリースを配布するかを決めることで、その後の作業計画を組み立てやすくなります。

また、プレスリリースをしっかり作り込むことは、「事業を俯瞰して見ること」にもつながります。リリースを作る過程でロジスティック面での不備に気づき、当日の混乱を回避できたり。あるいは、アピールポイントを強調したいのだけれど、見どころに欠けていることに気づかされ、それを際立たせるために事業改良を加えるきっかけとなったりします。プレスリリースの出来不出来が、その事業の成否に直結するのです。

プレスリリースを定期的に発行、配信することも大事です。広告はコストがかさみがちですが、それと比べればプレスリリースの作成はだいぶ安価。もちろん、プレスリリースを出したからといって必ず取材が入るとか、媒体に掲載される保証はないのですが、まずは地元メディアの反応に期待したいところです。

見逃せないのはやはりデジタルメディアです。デジタルメディアを保有する新聞社にアプローチし、記事として取り上げられれば、情報は県外へと広がります。認知度が上がれば、なにか新しい事業を始める際にも地元の賛同を集めやすくなりますし、地域の意識改革にもつながります。

リリースの配布対象については、「とりあえず地元の記者クラブだけでいいや」という姿勢に甘んじているケースをよく目にしてきました。もちろん、地元メディアに報じてもらうことは大事ですが、新聞であれば全国紙であっても県内版、テレビ局もローカル枠だけでは県外、そして海外には伝わりません。

最近では、日本中のプレスリリースを網羅してサイト上で紹介する「ＰＲ ＴＩＭＥＳ」があり、初めての利用であれば１件３万円で配信できるなど、それほど高額ではありません。

こういったツールを積極的に利用することで、リリースがＷｅｂニュースとして掲載され、大都市圏のメディアにも伝わり、新聞であれば社会面のような共通紙面、テレビも全国ネットで報じられる可能性が生まれます。

認知度のアップだけでなく、「報道された」という事実が、地元の推しの一手となるのです。今まで反対されたことや、見向きもされなかったことが、地域の人々から共感を得たり、政策が進めやすくなったり。これらのメリットは非常に大きいです。

「地域の魅力総まとめ」のファクトブック制作を

その土地が持っているブランドや魅力を総結集させたファクトブックも、メディアリレーションの観点から重要なツールになります。

埼玉県秩父地域は、観光資源の宝庫です。全国から観光客が押し寄せる秩父夜祭を筆頭に、祭りはなんと年に380回！　荒川上流部の長瀞《ながとろ》の渓流を一気に下るラフティングといった体験型レジャーにキャンプや武甲山《ぶこうざん》の伏流水で作った地酒やワイナリー、わらじカツ丼といった地元グルメ、巡礼古道に味わい深いレトロな個人商店など枚挙にいとまがないほどです。

各地の自治体や観光協会は観光客向けのパンフレットを制作していますが、秩父のファクトブックはメディアに対象を特化させました。「わかりやすく、飛びつきやすく」を狙って、目次のタイトルには「数字で見る秩父のここがすごい」と題し、各項目をすべて数字で表しています。

「祭りが週に7回⁉」

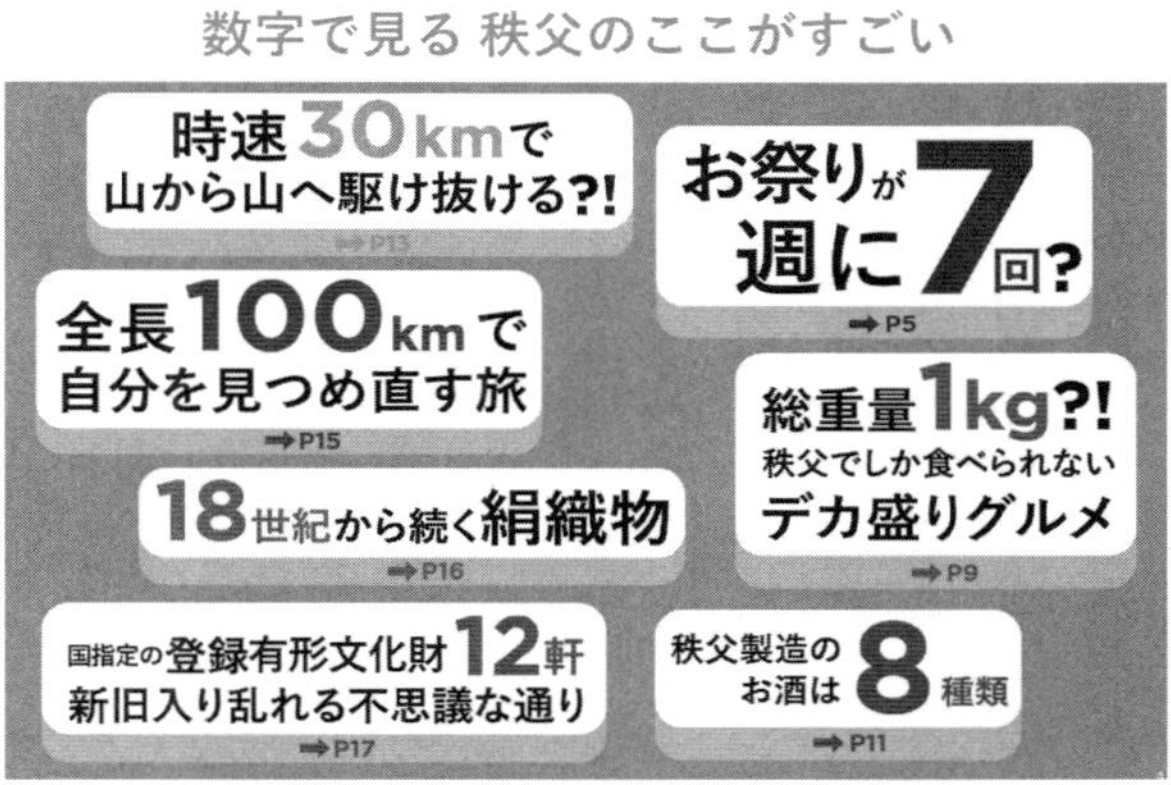

ファクトブックでは秩父の魅力をグラフィカルに、端的に伝えることで、編集者やディレクターの興味を惹きつけることに成功した

「全長100㎞で自分を見つめ直す旅」数字という客観的指標で示すと、メディアは報じる際に伝えやすいので関心を持つからです。

見せ方も大事です。祭り、アクティビティ、お酒の種類などコンテンツをカテゴリー別に情報を集約することでインプットしやすくする効果も狙いました。「秩父のコネタ」と題したページでは、「ホルモン屋が多いのは鉱山の街だったから」といったトリビア的な要素も詰め込んでいます。これも、観光案内だけでは終わらせないアクセントとなりえます。

このように、編集プロダクションに編

集を発注し、魅力あるコンテンツを視覚的にわかりやすく網羅したファクトブックに仕上げ、各メディアに配布したところ、特にテレビの情報番組の取材が増えました。平日昼間の情報番組に3日間特集として取り上げられたこともあります。

テレビの制作サイドからすると、メディアの視点に立ったファクトブックは大量のテキストを読み込まずとも、数ページで情報が理解できるので、取材のネタや企画書が作りやすく、また上層部のOKを取りやすかったとか。雑誌の編集者やテレビのディレクターは忙しい時間を縫って企画のネタを探しているので、彼らを狙い打ちするような気持ちで地域の魅力をギュッと詰めたファクトブックを制作するのがよいのではないかと感じています。

編集力は重要です。相手の立場になって見やすいか、興味を持つか考慮する。膨大な分量でしかも文字だらけの内容では、必要性がなければ見られないと思ってください。

本件はファクトブックの制作を外注しましたが、「Ｃａｎｖａ」などのデザインツールなどを使用し、「自分たちでやってみる!」こともおすすめします。

プレスリリースがＰＲの特効薬であるとすれば、ファクトブックは長く使える常備薬といったところ。パンフレットではなく、事実関係をわかりやすく見やすくしたファクトブックがメディアを取材へと導くのです。

公式サイト・SNS・Googleマップを機能させる

熊本県阿蘇地域は、世界有数の大きさのカルデラを擁し、豊富な源泉に加えて牛がのんびりと過ごすのどかな放牧地には巨木がなく、広大な緑の草原が広がります。この草原を活用した阿蘇ならではのアクティビティも豊富。多彩な観光資源に恵まれたスポットなのですが、観光客の多くはランドスケープを眺めるのみの通過型観光であり、地域の理解が乏しいことが課題でした。

スマホでの検索やＳＮＳ対策といったことに対して地域の理解も乏しく、以前の観光協会のＷｅｂサイトがなんと、スマホ未対応。しかも、サイト内の検索窓から気になるアクティビティを入力しても探せないという仕様で、これが数年間も放置されたた

リニューアルされた阿蘇市の観光協会サイト。野焼きなど阿蘇の歴史や文化の物語がわかりやすくまとめられ、訪問者数は10倍に増えた

ままでした。そもそもサイトにきちんとした情報が載っておらず、大量のバナーを掲出して遷移させるだけの構造で、機能性が乏しかったのです。Ｇｏｏｇｌｅアナリティクスで分析すると、一人当たりのサイト滞在時間は平均で約20秒。阿蘇の魅力を十分に伝えられるものではありませんでした。

阿蘇に関わった際、観光コンテンツ造成よりもサイトのリニューアルから取り掛かることにしました。まず、阿蘇の説明、宿、アクセスなどカテゴライズして必要な情報を整理。第一に阿蘇の魅力を、その次に草原について取り上げ、「阿蘇がいかに稀有な自然環境にあり、これを維持するために不断の努力を重ねてきたか」を明記したのです。

阿蘇の草原は縄文時代から存在したと言われています。ただ、日本の気候では、自然の力だけで草原を維持することはできません。今に至るまで、人間によって野焼きが行われ、環境が維持されてきたのです。

危険を覚悟で野焼きを続けてきた地元の農家の方々の活動を、炎を上げながら枯れ草が燃え上がる画像を添えて伝えるとともに、草原を守ることがＣＯ$_2$の抑制や生物多様性の保全につながり、さらには水を育み、九州の水がめとしての役割を果たし、また土砂災害の抑止効果があることをイラストを用いながらわかりやすく伝えることにしました。

ここで言いたいのは、「公式サイトは宿泊施設やお土産の紹介だけにとどめてはならない」ということです。「その地域が脈々と守り、つむいできた歴史、文化のストーリーまで伝えること」が重要ということ。なぜなら、海外からの観光客、特に富裕層は、その地域で継承されてきたストーリーに興味を抱き、その土地に実際に赴く傾向があるからです。なぜ？　どのように？　というように、サイトの来訪者の知的好奇心をくすぐる内容にすれば、自然と客足は向いてきます。

このような考えのもと、阿蘇市の観光協会サイト「ASO is GOOD!」のリニューアルを図り、内容を充実させ、サイト来訪者が読みたくなるサイトに進化させました。すると、来訪者数があっという間に5倍に伸び、5年経った今では10倍にまで伸びたという嬉しい報告を受けています。

加えて、阿蘇で楽しめるアクティビティについてはそれぞれの事業者のサイトに遷移しなくてもダイレクトに予約が可能になりました。こちらも観光協会サイト経由での予約数が数倍の水準となったという効果が出たのです。

地域の魅力を知ってもらうにはＳＮＳの運用も必須です。一次検索においては10代から30代の人たちはＧｏｏｇｌｅやＹａｈｏｏ！　だけではなく、ＳＮＳ検索が主流です。各種ＳＮＳのアカウントを開設し運用することは大前提として、投稿における効果的なハッシュタグ選定、インスタグラムのリール動画作成なども必要不可欠です。

ＹｏｕＴｕｂｅは映像編集によってより詳しい説明や理解度を深めるためのコンテンツとして向いています。インバウンドに特化した「やまとごころ」というメディアが実施した調査では、「旅マエ」検索のツールとして1位です。再生回数は年を追うごとに上がっていくので、古いからと言って見られないことはなく、作り込まれた動画は何年経っても見られています。

プロモーションの観点から、来てもらいたい国のＹｏｕＴｕｂｅｒを活用するのもおすすめです。一方でＴｉｋＴｏｋも「若年層向けのショート動画」というイメージが強いですが、グローバルで見ると食や観光においての活用が非常に盛ん。世界中の潜在的な顧客にリーチできるので、どんどん活用すべきですね。近年では、ＴｉｋＴｏｋやインスタグラムなどの数秒から1分程度の短い動画が人気で、フォロワー数が少なくても動画の再生回数が爆発的に伸びる事例も多々あります。

また、第一章の「情報発信」のくだりでも触れたＧｏｏｇｌｅマップも地域を詳しく調べる手段として重宝されていて、「地図から行きたい店を調べて、Ｇｏｏｇｌｅの口コミを読み込む」という行動パターンがよく見受けられます。

そのため、「口コミの鮮度」も大事です。最新の口コミが1年前と古いのはよくないですし、なんなら3か月前の口コミですら、ユーザーが抱く信頼性に影響します。

継続的に口コミを書いてもらうための仕組みが必要です。対策としては、口コミを書いてもらうためのＰＯＰの設置、スタッフの働きかけ、口コミを書きたくなるような感動ポイントの設定などが挙げられます。

旅行客は常に最新の情報を欲するもの。ＳＮＳを見たら、最終更新日が3年前だった。これでは、足を遠のかせるだけでむしろ逆効果です。

特別なコンテンツは必要ありません。今まで地元が続けてきた行事、景色を四季の移ろいに絡めながら伝えていくのです。そうすることで、その町の最新情報を、世界中に発信することができます。

定期的な運用がネックになりがちですが、メタやXといったＳＮＳのプラットフォーマーも、ユーザーのトレンドに合わせて日々仕様をアップデートしています。各アカウントの運営者が時流に追いつくためにも、専用スタッフを配置して努力してほしいところです。

処方箋②　マネタイズを恐れない

観光名所は、地域の共有財産となっているケースが往々にしてあります。そのため、観光関係者の中には、「客からお金を取って利益を上げること」にある種のやましさや抵抗感を覚える人も少なからず存在します。

なかには、ただ地域への貢献心から「金のためにやっているわけではない」とボランティアのように自らを酷使している事例も起きています。これでは、継続性に欠けてしまいがちですよね。

地元の人々からすると、せっかくの観光資源もあまりに日常の風景となってしまい、住民向けの安すぎる価格設定になっていたり、「もともと地域のためのものなので安価で当然」といった認識もあります。もちろん、そうした伝統を受け継ぐのは結構なことですが、そうであっても、価格を地域外からの訪問者と地域住民とで分けることも検討するべきです。こうした価格の差別化は、アクティビティや伝統工芸体験のワークショップ、祭りなどで特に効果を発揮することがありますから。

客観的な視点を失ってしまい、適正な価格で値付けすることができないという〝ビジネス化〟に踏み切れない事例は、日本の観光業界でよく目にする光景です。前章でも触れましたが、重要文化財に指定された神社仏閣の拝観料がたった数百円といったケースは、日本各地に山ほどありますよね。

でも、海外からの観光客はそうした背景など知る由もありません。魅力ある観光地には連日、過剰なまでに観光客が押し寄せてしまい、観光公害となる現象もあちこちで起きています。

資金不足でハードが整っていないところに大量の観光客が溢れたら、当然、トイレや駐車場が不足します。住民の足である路線バスを観光客に占領されることも、よく聞く話です。安価のままマネタイズ目線が欠如していたら、オーバーツーリズムの問題はますます深刻になるばかりです。

観光振興を目指すならば、「観光でお金儲けをすべきではない」という呪縛から脱却し、マネタイズを意識しなくてはなりません。適正なお金をいただくことで、ハード面の整備がなされて大勢の観光客の受け入れ態勢が整い、ひいては雇用を産んで

「担い手」の確保につながります。

かといって、収益を上げるべく、人的・物的資源といった現状のリソースを超えたサービスの提供を目指すと、人気に陰りが見えた瞬間に破綻します。背伸びをするのではなく、自らの足元を見つめ直し、普段から手掛けてきたコト・モノをマーチャンダイジングすることから着手すべきです。「今あるもの」でいかに回していくかも、とても大切な視点です。

伝統工芸の体験は〝アート化〟がカギ

観光地では、工芸を体験できる工房が定番スポットになっていることが多いです。藍染など染め物や織物の製作体験では、判を押したようにハンカチやコースターの製作を謳っています。

ここで考えたいのは、きちんと消費者目線に立てているかどうか。ハンカチやコースターが悪いというわけではないのだけれど、せっかく作るならもっと満足度が高く、旅から帰っても思い出せるようなアイテムだったらよいのではないか、ということなのです。伝統工芸の体験コンテンツがハンカチとコースターに偏りがちな現象を私は「ハンカチ&コースター問題」と呼んでいますが、改良の余地は大いにあると思っています。

訪れた人にとって本当に価値があるものを製作してもらい、満足度を高めることができれば、単価を上げられるでしょう。だから、提供者側には「それ、本当にお客さんが欲しいものなの?」「魅力的なマーチャンダイジングに仕上がっている?」という視点が必要になってきます。

この〝観光地名物〟とも言うべき「ハンカチ&コースター問題」を乗り越え、体験価値の高いコンテンツへと昇華した事例を紹介しましょう。

福岡県広川町の工房では従来、久留米絣《かすり》の体験プログラムとして、ハンカチ製作を2000円で体験できるプログラムを提供していました。久留米絣は、括《くく》りと呼ばれる技法で、あらかじめ染め分けた絣糸を用いて製織して文様を表現する技法で、現在は継承者が減ったために生産数が少ない高級な綿織物です。全国でも名高い久留米絣

江戸時代後期から続く、久留米絣の藍染めアートワークを体験する著者。染め上がった布を木枠に貼りつけて、オリジナルのアート作品が完成！

に触れて親しめて、その料金が２０００円で、作るものがハンカチではもったいないと感じました。

　そこで、こちらの工房は地域に特化した旅行会社の協力を得て、「お客さんが自ら製作した久留米絣を木枠に貼りつけたアート作品に仕立てる」プログラムへと進化させたのです。

　とはいっても、作業内容はほとんど変わりません。設備や人員も同じです。自分好みのグラデーションに染め上げた久留米絣の完成品が、ハンカチかアート作品かという違いです。

この取り組みでは、価格を7倍の1万4000円に設定、海外の方々にも人気は上々のようです。また、藍染めの濃淡で出来栄えは大きく変わります。例えばリビング用と玄関用といったふうに飾る場所によって作り分けることで一人当たり数枚の作品を作ったり、あるいは複数回にわたって体験したがる人もいるようで、こうなるとさらに消費金額を上げることができます。アート作品として空間に飾れるものにすることで、「ハンカチでは起こりえなかった高収益化」に成功した事例です。

沖縄の宮古島にも、宮古上布《じょうふ》という15世紀ごろから続く伝統織物があります。苧麻《ちょま》という麻の繊維で作った糸で織られ、琉球藍で染めて作るもので、日本の四大上布の一つに数えられています。

手触り、色合いが抜群に素晴らしく一反100万円もするものもある高級品なのですが、ここでも4000円でコースター製作の体験講座を行っていました。

そのため、体験プログラムのバージョンアップを図り、具体的には、既成の布をもとに作るのではなく、糸づくりである「よりかけ」の行程から関わってもらうことにしました。自らがよった糸を織り合わせて自分好みの配色の布地にしつらえて、藍染体験と同じように木枠に貼るというアート化です。

職人さんはよりかけから着手することになるのですが、今まで自身が担っていた工程をお客さんにやってもらうことで作業の手間が省けますし、お客さんにとっては一から作業を味わえるので体験価値が上がります。価格は従前の7倍強となる3万円に設定しましたが、コースターという日用品ではなく、自身の伝統工芸アート作品とすることでビジネスとして成立します。

こうしたアート化が、さらなる観光消費を呼び込むきっかけになることも見逃せません。面白いことに、宮古上布の工房では「もっと大きいものが欲しい」というお客さんも現れて、「ダイニングテーブルの真ん中に置くような敷物が欲しい」などというリクエストが寄せられたそうです。

この場合、体験プログラムを提供する側からすると「面積が増える＝作業が延びる」ことになります。つまり、客単価が上がるというわけです。実際、大きなアート作品を作るため、一週間かけて20万円が支払われたケースもあったと聞いています。

この事例の利点は、「リソースを大きく変えずに取り組める」ということです。なにか新しい設備や人員を導入するのではなく、今あるものでなにができるかを考えて改良に至ったという点がポイントです。

高価な反物の製作を体験できて、自分の体験をアート作品として形に残すことができる。しかも、宮古島でしか体験できない希少性も観光客には魅力です。文化と芸術を堪能でき、アウトプットをお客さんが「欲しい」「飾りたい」ものとして提供すれば、しっかりと売り上げにつながります。全国の伝統工芸の中には何百年と続く高い技術や装飾性を擁しているものがたくさんあるので、お客さんの体験価値への探求心にうまくマッチすることでしょう。

付け加えますと、宮古島は年の半分が雨天なので、こうした体験講座のニーズは根強いです。温暖化の影響で、全国的に雨天が多い傾向が高まっているので、「雨の日向け屋内コンテンツ」として、このような価値と価格の高い体験講座はますます存在感が高まると考えます。

ハンカチやコースターがアウトプットでは、本来の伝統や文化といった価値に見合う価格が設定しづらく、なんとなく安い価格で提供されてしまいがちです。でも、久留米絣や宮古上布の事例のように、「唯一無二の体験と作品が得られる」という付加価値を認識できれば、それに見合った適正価格はある程度高値がつけられるはずです。こうした体験プログラムやアクティビティが地域にもっと増えればよいですよね。

観光資源のアート化でいうと、面白い事例があるのでもうひとつ紹介しましょう。

富山県小矢部《おやべ》市では毎年6月、五穀豊穣を祈念する「津沢夜高《よたか》あんどん祭」という伝統祭がとり行われます。竹の骨組みに和紙を張って作った高さ7メートル、長さ12メートルにも迫る極彩色の巨大行燈の山車が、引手の巧みなコーナーワークで地区内を練り歩きます。

最大の見所は、巨大行燈が1対1でぶつかり合う「喧嘩夜高祭」。「ガーン」という大きな衝撃音とともに、巨大行燈がクラッシュする様子は思わず息を飲むほど。富山の人気の祭りです。

祭りのために丹精込めて作られた巨大行燈ですが、これまでは祭りが終わると廃棄されてきました。行燈を包む和紙には、般若や花々など艶やかな絵柄が施されているのですが、これが一夜にして廃棄物と化してしまうのは余りにもったいないです。

そこで、祭りで使われた行燈の和紙をリユースしアートにする「再利用ワークショップ」を催すことにしました。さまざまな絵柄から自分の好きな箇所を探し、自分なりに切り貼りしてフォトスタンドやキャンバスに貼り付け、思い出のアート作品にするという内容です。説明の通り、元手は実質タダ。そんな費用の掛からないイベントに外国人観光客らの応募が寄せられて、すぐに満席になりました。

山車の祭りは、終わった後に廃棄したり焼却されるものも多々あります。地域の人たちが祭りに向けて数か月かけて製作した山車。再利用しないともったいないです。そもそもの素材が祭りの五穀豊穣、邪気払いなどの縁起物ですから「大切に飾りたい」といった価値にもつながりますよね。

これまでは事後に廃棄物として捨てられてきたものでも、企画ひとつで再利用価値は十分にあります。無価値とされていたものを、ひと工夫して収益化するという逆算思考を持ってもらいたいです。

日常作業を販売

お寺では、日々のお勤めがあります。朝もやがかかる早朝から、座禅で心を整え、境内を掃き清めて一日を迎える。お寺で暮らしているお坊さんたちが日常行っている何気ないルーティンも、海外観光客には目新しいシーンとなります。これを、体験プログラムとして販売しているのが、京都にある臨済宗建仁寺《けんにんじ》の両足院《りょうそくいん》です。

座禅体験ができる両足院の本堂の前には見事な枯山水庭園が広がり、「和」を存分に感じながら己と向き合う座禅を朝体験できるプログラムが販売されています。座禅を90分した後、寺院の掃除を1時間かけて行うプログラムも販売されており、精神を集中するのにもってこい。掃除を終えるとお茶がふるまわれ、総工程で3時間の体験コンテンツが４０００円で売られています。

昨今、マインドフルネス的な文脈からお寺での座禅体験は人気を集めており、早起きして座禅して精神を統一。住職による説法を聞いたり、掃除に集中したりすることでインスピレーションや気づきを得ることにもつながると、体験価値の高いコンテンツとなっています。スマホやパソコンから離れ、歴史や伝統を感じさせる京都の寺院で座禅するのは、外国人はもちろん日本人にも需要があるんだとか。

強調したいのは、「座禅に掃除という一連の行程は、お寺で毎日行われている」ことです。つまり、お寺には大きな負担にならない。利用客が万が一、当日キャンセルしたところで、日常作業として行われることなので大きなダメージにはなりません。

このように、「日常のルーティンを共有してもらう」という低負担のサービスでもお金になるということに注目してもらいたいです。

見過ごしてきたコト・モノにも金銭的価値を見出す俯瞰力を

お寺のお勤め、祭りの残滓《ざんし》。こうした事象でも、文化の香りが漂えば海外のお客さんには伝統やアートとして映り、金銭的な価値を持つことがあります。そして、なによりも「提供するのに追加の設備投資がなるべくかからない」「人手を増やして固定費が上がることを避ける」といったコスト意識がすごく重要で、これが継続性を生みます。

マネタイズのためになにか新しいことや大掛かりな事業を始めても、リソースが合わなければ立ち行かなくなります。足元を見つめ直し、「今、そこにあるもの」が実は可能性を秘めているのではないか？　と、検証してみる必要があります。

そして、それが外部の人の興味をそそるモノ・コトなのか？　という客観的視野を同時に持つのです。そう、「俯瞰力」が重要です。

処方箋③　遊休時間の有効利用

観光旅行といえば、昼間帯に名所をものすごい勢いで巡り、夕方に宿に着いてディナーを取り、その後は就寝。そんなサイクルが〝当たり前〟と思われがちです。

しかし、それではお客さんがお金を落とす時間や機会は限られてしまいます。実際にインバウンド客からは「日本の飲食店やアクティビティは閉業時間が早く、夜間にやることがない」というナイトタイムへの満足度の低さを示すデータもあります。

伝統工芸の体験プログラムをアートに昇華する、あるいは祭りで残った廃材を記念に売るなど、マネタイズの成功パターンについて言及してきましたが、ここでは、美術館や神社仏閣といった文化施設の遊休時間（アイドルタイム）を活用して、観光コンテンツに落とし込む方法について、紹介したいと思います。

9時16時問題、20時9時問題

神社仏閣はおおむね午前9時に開館し、午後4時から5時あたりをめどに閉館します。観光客は、限られたこの時間帯に殺到し、夕方には各々の宿泊先へと散っていきます。せっかくの人気スポットでも1日のうち、16〜17時間は閉じているということ。つまり、お金が落ちる時間が少ないのです。

そして、宿に到着して腰を下ろすと午後6時ごろからディナービュッフェの時間となり、午後8時には終了します。そのあとは、部屋でくつろぐぐらいしかすることがありません。

第一章でも触れましたが、地方の二次交通が脆弱なため、そもそも「出かけたくても移動手段がないから外出できない」という現実が観光客を足止めすると同時に、客足がないため、周辺の飲食店の閉店時間も早くなりがちという悪循環が生じています。

ＦＩＴ全盛とはいえ、韓国や台湾からの方々は今でも観光バスを使った団体ツアーがまだまだ多く、何台ものバスに連なって訪れるため、人数はかなり多い。移動の自由度が低いがゆえ、「夜と早朝にすることがなく、ホテルに缶詰めにされる」という事態に悩まされて消費が冷え込むのは、あまりにもったいない話です。

現実的な提案としては、ホテルが旅行業法に基づいて旅行業登録を行うことで旅行業の資格を取得すれば、宿泊客の送迎が可能になり、食事後の夜間や早朝に現有のリソースから逸脱しない観光体験を提供できます。これだけで地方に訪れる観光客に新たな地域の価値体験を生み出すことができ、アイドルタイムの活用が新たなビジネスチャンスになると考えます。

行政は有名無実のコンテンツ造成に多額の予算を投じるくらいなら、こうした旅行業の取得を補助金で促したほうがいいと私は考えています。

夕食後・早朝でマネタイズ

前述した熊本・阿蘇などで主に宿泊事業者が主体となって行っている試みで、夜間に宿泊客をマイクロバスで星がきれいに見える高台へとお連れし、満天の夜空に輝く星々を眺めてもらう体験が人気を呼んでいます。

マイクロバスに乗せたパイプ椅子を、各々が思い思いの場所に運んで陣取り、星を眺めるという簡素な内容です。大勢のスタッフは、特段いりません。人手不足は深刻なので、ガイドも運転手が兼ねることができる体験を実施。これまで客はホテルの中ですることもなくテレビをただ眺めていたのですが、人里離れた場所ならではの満天の星空を堪能できて貴重な思い出を作れるようになりました。そして、ホテルは労を掛けずに新たな収益源を確保できるということです。

同じ要領で、早朝の雲海ツアーもあります。雲海というと、兵庫県朝来《あさご》市の竹田城跡が連想されがちですが、山が連なり盆地が多い日本列島には、わざわざ登山をしなくても車でアクセスできて雲海を臨めるスポットが各地にあります。

雲海を眺めながらのコーヒーは早朝の特別体験。手をかけずに観光コンテンツ化できる好事例だ

星空ツアーのようにマイクロバスでお客さんを展望台まで送り、眼前に切れ間なく漂う雲海を見やりながら、温かいコーヒーで一息ついてもらう。これも、今までお金が落ちなかった時間帯にコストをかけずに提供できるツアーです。雲海に限らず、早朝でしか見られない絶景スポットがあれば一考の余地があるのではないでしょうか。

また、夜間ツアーは、自然の鑑賞だけに限りません。例えば、宿泊施設の近場のスナック街へ客を送迎し、カラオケやママたちとの軽妙なトークを、はしご酒でもしながら楽しんでもらう。

スナック文化も日本独特のものなので、外国人には新鮮に映ります。

このように「地域の人々との酒を酌み交わしながらの時間」は、高単価な外国人観光客にも意外と人気です。宿泊プランに1万円程度のスナッククーポン券を組み込むなどすれば、宿泊施設外での消費額を上げる効果が生まれます。

ライトアップされた果樹園

ブドウやイチゴといった果物狩りは体験価値が高いプログラムで、しかも日本のおいしい果実をその場で味わえるということで外国人から人気です。とはいえ、開園は日中限定となりがち。そんな果樹園で、夜間のマネタイズに成功した事例があります。

福島市のまるせい果樹園では、10月下旬のハロウィン期間の夕方から夜にかけての時間帯に園内をライトアップする試みを行っています。夜の果樹園はライトアップすることで昼間とは一風変わった趣きが出ます。普段は真っ暗な夜の果樹園が、かわいくワクワクする空間へと化します。

果樹園の一角を約3000個の電球でライトアップ。可愛らしく幻想的な空間演出で体験価値の高いイベントに昇華。地元でも話題のイベントとなった

そして、シードルなどのお酒やおつまみの提供を盛り込み、リンゴのカレーといった果樹園にちなんだ料理を提供することで新たな収益が生まれます。このイベントで地域外からの新規の顧客を獲得することができ、さらには、ＥＣサイトでの販売によって、まるせい果樹園のリンゴのおいしさを知った来場者は継続的にリンゴの購入ができるようになりました。

二次交通を確保する目的と多くの大人にお酒を楽しんでもらうため、市街地からの乗り合いタクシーも用意するなど、アクセス面にも気を配っています。この事業は、テレビのニュース番組やゴールデンタイム

のバラエティー番組でも特集が組まれ、知名度が上昇しています。工夫を凝らせば、地方の果樹園というシーンでも注目を集め、お金も落ちるのです。

「文化財×プロジェクションマッピング」の本質的な話

建物に映像を投射し、幻想的な雰囲気を演出するプロジェクションマッピングは日本全国で夜のコンテンツとして人気です。「果樹園×ライトアップ」で夜間の新たな観光需要を掘り起こした事例は先述した通りですが、プロジェクションマッピングもまた、「夜間にすることがない、見るものがない」問題を解決しうる施策のひとつです。

ただ、プロジェクションマッピングは制作や実施に非常にコストがかかるのがネック。すべて新規のコンテンツを準備して実施するケースももちろんあるのですが、予算不足からなかなかそうはいかず、既存の映像を使い回す場合も少なくありません。

こうした事情から、文化財でプロジェクションマッピングを実施する際に「文化財の歴史や文化と関係のない映像」をただ投射しただけ、というひたすら花柄のようなコンテンツも散見され、これでは文化財が持つ魅力を伝えるどころか、文化財に投影する意味がないという現実があります。

また、プロジェクションマッピングのイベントを開催するにあたっては、入場料や拝観料だけではなかなか賄えないので、補助金を活用する場合も多いです。そうなると、一度目の開催はよいかもしれませんが同じコンテンツでは二回目以降の集客は難しく、再現性や継続性に欠けることも問題となります。

とはいえ、「文化財×プロジェクションマッピング」という取り組みに可能性がないわけではありません。愛知県岡崎市にある重要文化財「成道山《じょうどうさん》　大樹寺《だいじゅじ》」といえば、桶狭間《おけはざま》の戦いで今川義元側について敗れた徳川家康が取り囲まれ、自害を決意したものの住職から「汚れた世を正し太平の世を目指す」と諭され、切腹を翻意したという日本史において重要な出来事があったお寺です。

この大樹寺でプロジェクションマッピングに取り組んだ際には、「本質的な文化を伝えること」と「再現性」に考慮した企画が実施されました。

愛知県岡崎市にある大樹寺で実施されたプロジェクションマッピング。普段見ることのできない杉戸絵が襖のように投射され、多くの子供たちの目に触れた

大樹寺の奥の間である大方丈には、重要文化財に指定されているものの40年以上も一般公開されてこなかった杉戸絵（杉の板に描かれた絵。画像参照）があるのですが、この杉戸絵を高い解像度でデジタルデータ化し、大方丈の襖に投影し、当時の世界観をプロジェクションマッピングで再現するという夜間特別拝観を行ったのです。岡崎市美術博物館が画像データを保有しており、こちらに申請することで実現した企画でした。

このような「本物の文化財」、しかもデータでしか見ることができないものだからこそ、プロジェクションマッピングとの親和性が高く、コンテンツとして高い魅力が生まれます。一度見たら最後ではなく、「その文化財にあった史実」を踏まえた「ホンモノ」なので、今後長きにわたり活用できます。

事実、反響は上々で、大樹寺ではこれまでに二度ほど別のプロジェクションマッピング企画が開催されていたのですが、過去最高の集客となりました。

この「杉戸絵のプロジェクションマッピング」を実施するにあたり、プロモーションも狙いを込めて実施しました。地元の小学校にアプローチし、チラシを配布したのです。むろん、子供たちに周知してくれるかどうかは小学校側の判断になりますが、地域が継承する希少な文化財の限定公開イベントとあって協力を得ることができ、岡崎市の子供たちに広く伝えることができました。

「集客として、ファミリー層を狙いたい」

という意図ももちろんありましたが、地域の文化財について深く学ぶ機会というのはあるようでなく、このようにイベントを通して文化や歴史を学ぶことは意義があると思ってくれたのだと思います。

地域の文化財って「存在は知っているけど、詳しくは説明できない」ものだったりしますよね。それがプロジェクションマッピングでのイベントを通じて歴史に触れ、皆さんの記憶にとどまると、それを人生のことある機会でいろいろな人に伝えていくことになります。それが、文化の継承につながっていく。

岡崎の子供たちに、大樹寺への興味や理解を促し、歴史の魅力を伝えることが、大樹寺の文化を紡いでいくことになるのです。

早朝の収穫体験

観光体験が乏しい早朝ですが、「この時間帯でないと体験できないプログラム」があります。例えば、農産物の収穫です。

北海道の十勝地方で農家と提携して行っているプログラムが、トウモロコシの朝採り体験です。朝採り野菜は前日の光合成で作り出された養分がたっぷりと蓄積されているので、一日でもっとも糖度が高い状態なんだそうです。実際に、北海道の透き通った空気の下、トウモロコシを採ってかじりつくと、口の中に新鮮な甘みが広がり、ロケーションのよさも相まって至高のひと時となります。

トウモロコシを採って食べるだけでは、それほどのお金はもらえません。だから、バーベキューでのトウモロコシ食べ放題に加えて他の野菜や肉類も楽しんでもらう。朝から一杯ひっかけたい人向けに、ビールなどのお酒も振る舞う。さらに、農家さんがあらかじめ保有していたサウナに入ってもらい、軽トラの荷台を水風呂にすることで、他では味わえない大自然の中でととのう。これだけのメニューを用意すれば、一人当たり1万円の価格設定にしても十分通用します。

北海道の広大なトウモロコシ畑でのかぶりつき体験。朝からサウナと水風呂で気分転換

漁業が盛んな地域ならば、漁体験も人気企画になります。それも、た

だ「獲る」だけではなく、「食べる」ことも組み合わせた観光コンテンツなら、尚いいです。

徳島県・鳴門市では朝に漁師さんとボートに乗って、車エビを収穫しに行くツアーがあります。塩田の跡地を利用して作られた広大な池に、あらかじめ漁師さんが仕掛けておいた網を一緒に引き上げ、車エビを水揚げします。

獲れた車エビはおがくずを使いながら箱詰めし、漁師さんの仕事を体験。ボートの上では、塩田の歴史や鳴門の海や環境問題について漁師さんから直接話を聞き、生きたままの車エビを持ち帰ったらお待ちかねの実食タイム。「生」「ゆで」「焼き」と、お好みの調理法で味わうことができます。

未明・早朝であっても、その時間帯でこそ行われる地域の人々の営みがあり、それを体験プログラムとして組み立てるのです。

見学だけでなく、採れたてを食べるところまで実現することで体験価値は数倍となり、単価もアップできます。さらには、早朝体験は宿泊しないと参加できないため、観光消費額アップにもっとも寄与する宿泊を促すという大きなメリットがあります。

処方箋④　空き家・空き地を活用せよ

前項では、「手つかずだった時間のマネタイズ化」について説明しました。ここからは、住人や利用者が去ってもぬけの殻となった空き家、つまり見過ごされてきたスペースを活用した観光施策を紹介します。

「空き家ワースト1だからこそ」山梨・富士吉田の挑戦

山梨県は、すべての住宅に占める空き家の割合を示す空き家率が例年、20％ほどで推移していて、２０２３年までは毎年、全国最多を記録していました。

富士山のふもとに位置し、人気遊園地の富士急ハイランドがある富士吉田市も例外ではありません。昭和までは織物産業で栄え、西裏と呼ばれる繁華街は２００店もの飲食店が軒を構え、芸者さんたちが奏でる三味線の音が鳴り響く関東屈指の歓楽街だったそうです。

しかし、現在では空き家の居抜き物件の多い地域となっています。外国人観光客の富士山人気で玄関口としての需要がある富士吉田市は、宿泊施設が盛り返していて、西裏エリアもその余波で活気を徐々に取り戻しているものの、空き家はまだまだ多いままです。

この空き家が続く街並みを逆手にとって、富士吉田市と富士急ハイランドなどがコラボして2019年に催したのが、「西裏×戦慄迷宮コラボイベント『ゴーストナイト』」です。富士急ハイランドでは戦慄迷宮という廃病院を舞台としたお化け屋敷があるのですが、ここに滞留するゾンビたちが西裏にやってきたという建付けです。街をゾンビたちが闊歩してさまよい歩く光景は、空き家が建ち並んでさびしさを醸《かも》し出す西裏だからこそ大いに映え、当日は各メディアが取材して全国ニュースでも取り上げられました。

富士急ハイランド側も発信してくれることでプロモーションを強化できました。イベントではクーポン券付きのツアーも展開。飲食店ではしご酒を楽しみながら、ゾンビたちの恐怖に打ち震えるといった趣を楽しめるイベントとなり、集客が上がりまし

山梨県富士吉田市で開かれている布の芸術祭「FUJI TEXTILE WEEK」。空き家が布でアート空間と化し、遊休場所の活用となった

た。話題性を高めるように企画し、プロモーションに努め、マネタイズ視点も持つことでタダ見のイベントに終わらず、売り上げへとつながるのです。

　また、富士吉田市では、「FUJI TEXTILE WEEK（フジテキスタイルウィーク）」という布の芸術祭を開催しています。テキスタイルとは英語で織物や布地、繊維、編み物の総称です。

　このイベントは、日本唯一の布に特化した芸術祭です。アーティストが練った構想に基づき、彼らのディレクションで、１００年の歴史を持つ機織りの街の事業者がテキスタイルを制作し、それを地域の社会課題である空き家に展示するという内容です。がらんどうの空き家が、作品の芸術性を視覚的に高め、また幅が10メートルを超えるような巨大作品も並べられて、テキスタイルアートを存分に表現できる場に一変しました。

用途の乏しい空き家でも、使い方次第で多様なイベントの受け皿になり、それが観光振興の起爆剤になりうる。さらに、このイベント後は空き家の活用を促し、貸し出しをPRするという狙いもしっかりと込められており、実際にイベント後に空き家の活用が進んでいます。

空き酒蔵をにぎわい酒場に

2025年は阪神・淡路大震災から30年を迎えました。今の神戸の復興を目にすると、震災は遠い昔の出来事のようですが、古き良き風景を一変させたことは見過ごせません。その一例が酒蔵です。

灘《なだ》の生一本《きいっぽん》で知られる「灘五郷《なだごごう》」の酒蔵の多くは、震災によって操業不能に追い込まれて取り壊しとなりました。結果、まるで化学工場のような様相で再開したのですが、趣きが失われたために見学客が減り、また試飲ができるような場所も乏しくなりました。

そこで、創業５００年有余の歴史を持つ剣菱《けんびし》酒造が、空き倉庫状態になっていた元酒蔵を活用し、地酒や地元食材を使用したおつまみが楽しめる「灘五郷酒所《さけどころ》」を２０２２年にオープンさせました。灘五郷の酒が一堂に飲める場所にと、「沢の鶴」「菊正宗」などの他メーカーの銘酒も分け隔てなく取りそろえて飲み比べができることや、明石のタコや神戸牛のメンチカツといった地場産食材を使った酒のあてが人気を呼び込み、予約が取れない日が出るほどの活況ぶりです。休業日はイベント会場として貸し出され、ワークショップなどが行われています。

日本一の酒どころ。しかも、有名メーカーが軒を連ねる。こうした町の特性を生かしたうえで、「いろんな地酒を味わいたい」という客のニーズをしっかりとキャッチした事例です。日本各地には、空き倉庫などの遊休施設が散在しますが、企画やリノベーション次第で人気の誘客施設へと昇華することができます。

処方箋⑤ 祭りを継続させるために〝清貧思考〟からの脱却を

祭りは日本全国に30万もあると言われ、1000年以上も続くものや何百万人も集客する大祭など多種多様です。

インバウンド観光客も大いに興味を抱いています。大勢の見物客が訪れるので、それに伴い、祭りの山車などの制作費や修繕費はもちろん、年々高騰する警備費用やゴミ回収、トイレの確保、運営スタッフの報酬など、とにかく経費がかかります。

これらは行政の予算や地元企業の協賛や寄付、大規模な祭りであれば有料観覧等で賄われています。自治体は人口減や防災対策費の増大などで祭りへの予算確保が厳しくなってきているという話を折々で耳にします。

祭りを運営する経費は厳しい現状ですが、ここで考えたいのは、伝統的な祭りであれば、運営側の「歴史的な神事なので儲けてはならない」というストイックな固定観念や、ノウハウ不足のためにマネタイズされた企画を組み立てられず、観覧無料が恒常化してしまいがちな点です。

協賛金も1万円から3万円を多数の地元企業から獲得するパターンが多く、頑張って積み上げても数百万円といったところ。結果、収支改善に至らないケースが多々、見られます。

毎度のように財源確保に苦労し、地元の関係者やボランティアの献身に頼っているようでは存続が危ぶまれますし、実際に終了を余儀なくされたケースもあります。継続には予算の確保が必要です。祭りという文化の灯を消さずに後世に継承していくためには、地域関係者の合意を踏まえたマネタイズへの着手が迫られているのです。

100万円特等席が完売

青森ねぶた祭は100万人以上の観光客が集う重要無形民俗文化財で、全国区の知名度を誇ります。海外からもツアーが組まれ、世界中にファンがいます。約10メートルにも及ぶ大きく鮮やかなねぶた（と呼ばれる、山車に乗せる人形）は、ねぶた師や絵師が1年かけて製作したもの。そして、祭りが終われば、また、来年の新たなねぶたの製作を行います。

　ねぶた師と呼ばれる熟練の職人の技術に支えられ、継承されてきたねぶた祭ですが、彼らの年収は皆さんが想像するよりもはるかに低く、熟練の腕に見合う報酬とはとても言えません。

　従前から多くの有料席は設けられていましたが、パイプ椅子に座って眺める席がほぼ一律で3500円でした。それなのに、旅行会社が設けた1泊2日のホテル宿泊代に有料席が付いたツアープランだと12万円といった高額で設定され、しかも飛ぶように売れるのです。それだけの金額を出してもねぶた祭を見たいという顧客ニーズがあるものの、その利益は祭りの運営サイドや担い手にはあまり還元されないという不条理が生じていたのです。

「祭りに携わる人たちに、もっとお金が落ちないものか？」という思いを出発点に、祭支援企業「オマツリジャパン」とともにねぶた祭に関わるようになりました。

　そして、新型コロナが収束を迎えた2022年に青森県の観光コンテンツ開発事業の一環として企画したのが、100万円で最大8名が座れるVIPシートです。10

最前列でねぶた祭りを鑑賞できる100万円のVIPシート。郷土料理のほか、ねぶた師による歴史の解説も聞くことができ、体験価値の高いコンテンツとして大好評

０万円の席は地場産の食材にこだわった郷土料理や酒が振る舞われ、そしてねぶた祭を最前の特等席で眺められるというプログラムです。このような価値を理解してもらえる高単価の客に、ねぶた師が自らねぶたの歴史についての説明を聞ける時間も提供することとしました。これだけの高額をいただくのですから、畳に座椅子といった設えにも配慮しています。

価格を１００万円にしたのは、話題づくりという大きな意図もありました。インパクトのある数字を示すことでメディアの取材が入りますし、その対応の中でねぶた師をはじめとする地元の方々がどれだけの負担を抱えながら1年に1回の晴れ舞台に自らを捧げているのかという切実な実情や、祭りで構築する地域への経済効果の重要性を発信したかったのです。一部からは「金儲けのための祭りではない！」といった批判はありましたが想定の範囲内で、むしろ彼らの努力を伝える効果を上げられたと認識しています。

この取り組みは高額プランなので、顧客へのプロモーションが重要課題でした。クレジットカード会社や旅行会社を通じて優良顧客やＶＩＰツアーの常連客などと関係を築きました。実際に、ＶＩＰシートの購入客の中には東アジアやアメリカからの客もいて、ねぶた祭への世界的な関心の高さをうかがわせました。売れ行きは好調で、2年間は赤字が続きましたが、3年目となる２０２４年は会期の5日間全席が連日完売するまでになりました。ちなみに、このＶＩＰシートの一部は、これまでは資材置き場として立ち入り禁止となったスペースを有効利用したものです。前述した、空きスペースの活用と同じ発想です。

ＶＩＰシートだけではなく、４名24万円のボックスシート、２名12万円のカップルシートも用意し、こちらも完売です。また、コロナ収束による観光需要の復活やインバウンド向けにも有料席収入が伸びたことからねぶた祭は２０２３年に４年ぶりに黒字化して、２０２４年も９００万円あまりの黒字となりました。

プレミアム席を購入する富裕層は、「雑踏に巻き込まれるのは嫌」というマインドを持っていることは容易に想像できます。であれば、特等席を用意して特別なサービスを提供しニーズをすくい上げることで、しっかりと収益が図れるのです。

ファンがいればビジネスはあらゆる方法で可能

富山市の八尾《やつお》地区では毎年9月1日からの3日間、「おわら風の盆」という伝統祭が開かれます。11の町に分かれて、そろいの法被《はっぴ》に編み笠を目深に被った男女が、胡《こ》弓《きゅう》や三味線の哀切感に満ちた音色に合わせ、坂の多い街並みをゆっくりと踊り歩く優雅さと気品が溢れる祭りです。

ただ、全国の祭りと同じく運営費用の資金繰り問題や後継者不足という課題があります。「巡行の範囲が広いため、有料席を設けるというわけにもいかず、収支改善に

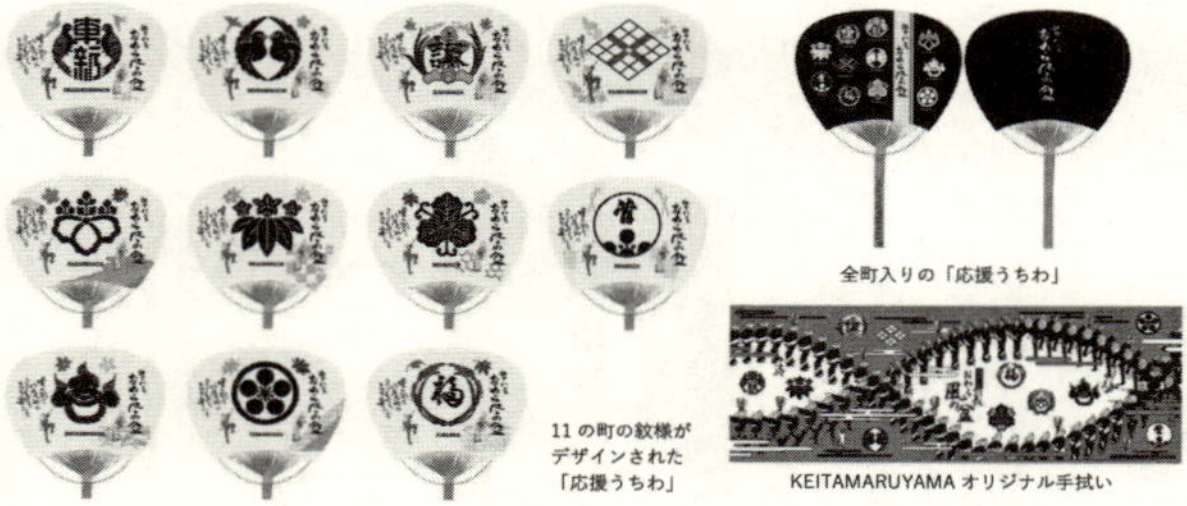

11の町の紋様が
デザインされた
「応援うちわ」
全町入りの「応援うちわ」
KEITAMARUYAMA オリジナル手拭い

富山県のおわら風の盆で導入された、祭りの「推し活」。各11町の紋様があしらわれたうちわが販売され、新たなキャッシュポイントとなった

苦労している」とのことでした。

そこで２０２４年のおわら風の盆において、文化財活用支援の会社「あっぱれ」と連携し、各町を応援するうちわの販売を企画し、実行することとなりました。アイドルのコンサートで、ファンたちが推しのメンバーの名前を書いたうちわを振って応援する姿をそのままに、各町の紋様をプリントしたうちわを地元のイラストレーターさんに製作してもらい、購入した見物客に各町の「推し活」をしてもらおうという試みです。

11の町と、すべてを応援する「箱推し」の人のためにすべての町の紋様を盛り込んだものを加えた12種類のうちわをＥＣサイトや会場で販売したところ、初日は台風がやってくるかもしれないという悪天候でしたが数種類は完売するほどで、４５０万円の売り上げを叩き出しました。

この成功は、購入者が見物客だけでなく、そもそもの各町の人々が持つ「自分の町の紋様を持ちたい」というニーズにも応え、加えて県外から故郷に思いを馳せる地元出身者の方たちが「風の盆には行けないけれど、せめてうちわをＥＣサイトで買って遠方からでも応援したい」という郷土愛がもたらしたものです。

過疎や少子化で地方都市は人口減に歯止めがかからず、そのひずみは地域の祭りに及んでいます。ただ、地元を離れても、故郷を思う人はいます。そして、祭りはその愛郷の念を大いに揺り動かす行事でもあります。住民も、以前住んでいた人も、祭りはすべての熱量が集まる場所です。その熱が、地元をなんらかの形で推したいという気分に駆り立てるのです。

マネタイズを悪と決めつける必要はありません。祭りを継承していくため、あるいは守るべき資源のために自分たちで資金を調達するのは当然のことです。祭りは継続の危機に立たされてはいるものの、この２つの事例のようにマネタイズの可能性を大きく残しているのです。

伝統芸能は鑑賞だけで終わらせない仕掛けを！

神話の国・島根県の西部にある石見《いわみ》地方では、石見神楽という郷土芸能が受け継がれ、祭事で披露されています。

地域住民でつくる神楽団体はなんと130を超え、浜田市だけで50以上の団体が存在します。幼稚園児がお囃子に参加していたり、学校の行事で神楽を舞ったり、各々の神楽団体がプライベートで練習に明け暮れたりといった調子です。

若い担い手が大勢である一方、衣裳修繕などにかかる費用に対し、公演料などで得られる収入は十分とは言えず、収益の増加が課題なのです。

衣裳や大道具は職人による手作業で作られるのですが、例えばお面は地元の石州和紙を使用し、豪華絢爛な衣裳は金糸銀糸を織り込んでいるため数百万円近く要するといった具合に膨大なコストと労力が掛けられています。

その反面、観光コンテンツとしては、鑑賞料金があまりにも安いのです。週末を中心に、石見地方の各所で公演が行われているのですが、観覧料は500円から150

0円といったところです。各団体の手弁当で成り立っているのが実情。石見神楽は担い手の資金不足問題と、神楽を支える産業も継承問題が顕在化しています。

そこで、浜田市はこれらの解決策にと石見神楽を鑑賞・体験できる高単価ツアーを企画しました。神楽の衣裳、お面、演目の花形となる大蛇の蛇胴などの伝統産業の体験や地元の食文化を堪能しつつ石見神楽を鑑賞できる産業ツアーです。工房を回って職人の技術を間近で見学し、実際にお面作りや衣裳製作の工程を体験したり、数百万円の衣裳を着て神楽の雰囲気を体験するなど多彩な内容です。

その後は、迫力ある石見神楽の演舞を鑑賞。食事にもこだわり、特別弁当には石見神楽を特徴づける蛇腹状の大蛇を模した穴子寿司や、浜田港で水揚げされた海産物をふんだんに盛り込んでいます。宿は、美肌効果で知られる地元の温泉で過ごすという形で、これでもかと神楽、そして浜田を楽しめる内容にしています。一人6万円ぐらいの強気な値段設定ですが、神楽を楽しめて、しかも学びのあるパッケージツアーということで人気です。

伝統芸能はそれぞれの地域事情により、「鑑賞だけ」では高額な値段設定ができな

石見神楽の迫力あるお面。石州和紙から作られているため、丈夫で軽い。伝統芸能のお面や衣装をまとうことで石見神楽の歴史や文化が観光客に伝わる

い場合もあります。このように伝統産業体験をセットにすることで高単価に昇華することもメリットですが、観光客側も熟練の精巧な技術を目の当たりにし、自身でも体験し、その文化を体感することで石見神楽への愛着も強くなり、リピーターや強力な口コミ力となります。

このように、「地域に根付いた伝統や文化と観光を掛け合わせたコンテンツ」は収益が見込めることはもちろん、観光をトリガーに地域をアップデートさせるきっかけになったりもします。この側面については、第四章でより掘り下げて論じています。

神楽体験だけでなく海の幸などの食、温

泉といった地元が誇る観光資源をさらに組み合わせることで体験価値が相乗効果で増し、結果、さらなる客単価のアップや域内消費額の貢献につながるのです。

処方箋⑥ デザインの重要性

インバウンド客は検索、特にインスタグラムをはじめとするSNSを事前に見て、興味を持ってやってくることは前述した通りです。であれば、魅力的な写真やショート動画で視覚の訴求力にこだわらなくてはなりません。

でも、無頓着と言わざるをえないほどデザイン、つまりビジュアル（視覚）への配慮が欠けていて、集客やマネタイズに結びつかないケースをよく目にします。パッケージのデザインから空間演出、イベントまで、デザインにもっと注力することで商品力が格段に上がることは、往々にしてあります。

デザインとは、見栄えだけではありません。例えばお土産なら「持ち運びに便利そうか」「的確なキャッチコピーが明記されているか」「商品の内容がわかりやすく伝えられているか」――などなど、さまざまな角度からの視点が必要です。ここからは、商品力や集客力を大きく左右するデザインについて説明したいと思います。

お土産は選ばれないといけない。選ばれる意識を

お土産は家に帰って余韻に浸る大事なツール。いくらか時間が経過してふいに目にしたときに、「また行きたい」とリピート熱を駆り立ててくれることもあります。

そんな大事なアイテムなのに、観光地で販売されているお土産は、何十年も同じパッケージだったり、デザイン性が低くて客が欲しいとは思わず、購入に至らない。これが地方の多くの土産物屋さんで見られるシーンではないでしょうか。

例えば、漫画家のみうらじゅんさんはこうしたムードを逆手にとって、旅先で売られていた、いまひとつの出来栄えの土産物を「いやげ物」と名付けて収集し、書籍で発表されています。傍目から見ると笑ってしまいますが、製作・販売している人たちは本気で売るつもりなので、深刻な問題に映ります。

群馬県の世界遺産の富岡製糸場でも、絹糸で作られたスカーフが土産として販売されていました。しかし、デザインが課題で人気はいまひとつだったそうです。

そこで、海外客にもニーズがあり、中高年をメインターゲットとしながらも幅広い層に向けて、かつギフト需要を狙った商品を開発しました。オーガンジーの平織り物の生地を群馬県内で採集された12色の染料であしらった「富岡シルク　日本の色　12ヶ月」という商品です。首に巻くなどスカーフとしての活用はもちろん、用途は多様。また、２色３色と重ねることで新たな色合いになるので複数枚購入する人も。

商品開発には、実績のあるディレクターを起用しました。例えば、「12ヶ月の色」という誕生月の商品を用意して購買意欲をそそったのです。

買ってもらうための設計。これもデザインです。

コストをかけない空間設計のヒント

現在、日本の山小屋はどこも老朽化が進んでいます。外国、特にヨーロッパの富裕層は登山を趣味とする方が多く、日本の名山に足を運んでいるのですが、「日本の山小屋は汚くて泊まりたくない」という声を多く聞きます。

老朽化すれば当然、お金をかけて補修し、リノベーションが不可欠です。そのためには、収益率を向上させなければなりません。

しかし、国立公園・国定公園内の山小屋は、環境省の設置認可が必要だったりと規制下にあるので、防災的な雨風をしのぐ場所という発想が根底に横たわり、「登山者に心地よく滞在してもらう場所」という意識が薄いように見受けられました。

長野県茅野《ちの》市で、八ヶ岳登山客の山小屋の活性化事業に関わったことがあります。こちらもご多分に漏れず、収益化の問題に直面していて単価を上げる必要に迫られていました。単価を上げる以上は、滞在空間の視覚を含めた居心地のよさを実現しなくてはなりません。とはいえ、改修するほどの予算はなかったため、食堂やロビーに小物などを配置することで、雰囲気を一変させることにしました。

このとき起用したのが、アウトドア雑誌で活動しているプロップスタイリスト。プロップとは小道具のことで、これらを空間に効果的に配置して見栄えを大幅によくす

八ヶ岳にある山小屋を改装した際のビフォーアフター。プロップスタイリスト監修のもと小道具を配置したり、採光を変えたりして統一感のある空間に。予算は100万円以内に収まり、コストパフォーマンスが高い施策となった

ることに成功したのです。

この山小屋では、既存のアイテムを活用しながら、例えば床をフローリングにはできないのでウッドカーペットに改装しました。ログハウス的なコンセプトに沿ったしつらえで統一感を作り、採光を改善するなどして空間を一変させました。ご主人は従来の食堂への思い入れから当初、取り組みに躊躇されていましたが、リニューアル後の出来栄えを見て感動で涙していました。その後もアウトドア系インフルエンサーが短期間のポップアップショップをこちらで開催するなど活用は広がっています。

ちなみに、改修にかかった費用は100万円以下です。リノベーションは予算がかかって二の足を踏みがちですが、ちょっとした空間の改装で大きな変化をもたらすことができます。

プロの助言は重要です。彼らに寄り添ってもらうことで、デザイン性は大いに高まります。

ディレクターの活用を

こちらの2つの事例においては、ディレクターを起用しています。

ディレクターとは「与えられた空間・商品に特化したメニューや魅力を作れて、その知見がある人」と定義しています。サポートする対象が、どのような問題を抱え、どのように変化させたいのか。予算はどのぐらいかといった問題整理をして、最適な業者を選んで橋渡しをするといった役回りです。Webサイト、パッケージ、空間デザイン、イベント、観光コンテンツ。「わからないのに手をつけない、初動はプロを導入」は鉄則です。

とはいえ、「誰に声を掛けていいのかすらわからない」「市外の業者が、うちの地元の特性を認識したうえで観光施策を担えるのか甚《はなは》だ疑問」といった声もよく耳にします。そうであれば、第一章でも軽く述べたように、「飲食店や宿泊業といった領域で、地元で成功している事業者をくまなく当たって発掘する」のも一手です。

観光に直接関係なくてもよいのです。収益を上げている業者は、マーケティングに成功しているから商品やサービスが売れて、従業員を雇用できていることが多いですよね。マーケティング性向が強く、地元をよく知る経営者がディレクターを務めれば、観光資源の活用やマネタイズ、地場の利害調整などをうまくこなすことができます。東京など都市部から手練《てだ》れのディレクターを呼ぶには、時間や金銭的コストがかかってしまい単発で終ってしまいがちです。その観点からも地元の事業者を探すべきで、同時に、ノウハウが地域に伝承されていくという効果も期待できます。

処方箋⑦ 体験価値の追求

インバウンド観光客は非常にアクティブです。彼らを取り込むためには、体験価値にこだわり、高付加価値を感じさせるプログラムを提供しなければなりません。

ただ、ここで誤解しないでもらいたいのは、高付加価値＝高単価という意味ではないこと。観光業界では「価値を高めよう」という号令が至る所で聞こえてきますが、「従来のプログラムを単に値上げしているだけ」というケースも多く見られます。

もともと人気がある商品であれば大した手間はかけずに高単価にする手法があるかもしれませんが、今まで売れていなかったモノなのに、価格を高くしたところで、ますます売れなくなるだけです。

高付加価値とはただ高額にするのではなく、価値を高めることです。価値を高めるにはどうしたらいいか。「これは本物だ」と観光客が体感できる仕組み作りだと、私は考えます。本物の価値は揺るぎない体験価値となるのです。

お茶コンシェルジュの育成

日本三大美肌の湯として知られる佐賀県の嬉野《うれしの》温泉は、茶葉の一大産地でもあります。そして、お茶を飲みに嬉野を訪ねてもらう「ティーツーリズム」でにぎわい始めています。地元では、茶農家、旅館経営者、吉田焼窯元などプレイヤーが「嬉野茶《ちゃ》時《どき》」というプロジェクトを立ち上げ、茶畑の中に天茶台を作り、最高の見晴らしで、彼らが丹精込めて育てたお茶を振る舞う茶会を展開しています。

嬉野茶時の天茶台。嬉野を見下ろす広大な茶畑の中、まるで能の舞台のような天茶台でいただくお茶の体験は外国人からも人気

お茶をもっともおいしく飲めるのは、新茶が摘まれる3月から5月です。ただ、茶摘みの繁忙期なので、もてなしから片付けまでの半日作業に時間を費やすことは不可能でした。そのため、新茶の旬の時期に茶会を開けないというジレンマを抱えていました。

また、この旬の時期に嬉野茶時の売り上げを作れないことが事業の危機でもありました。そこで、嬉野茶時でお茶の専門知識を備えたお茶コンシェルジュを育成するプロジェクトを立ち上げ、彼らに繁忙期の茶会の振る舞い役を託すことにしました。参加希望者は嬉野茶に興味のある方をターゲットに、主催者のSNSのつながりのみで募り、事前に面接し、お茶の魅力を伝えるための知識やコミュニケーション能力があるかなどを見極めました。

そして、2か月間にわたってお茶農家さんがお茶にまつわる教養に始まり、おいしい淹れ方、嬉野の歴史などを講義しました。こうして嬉野茶時からお茶コンシェルジュの認定を受けた人たちが2022年からお茶が旬である、つまり来場客がこぞってやってきて稼げる3月からの事業の担い手となったのです。

嬉野茶時は茶空間にもこだわっています。嬉野の市街地と美しい山々が見渡せる天茶台、檜や杉に囲まれた杜の茶室などお茶が実際に生産される舞台で、新茶の最高の季節での茶会体験。まさに本物が体験できるからこそ、単価も上げていきたいところです。

そこで、地元の酒蔵と連携して日本酒のペアリングも始めました。また、茶摘み体験も組み入れて、高付加価値化につなげました。結果、一人当たり単価は1万円から3万円へと上げ、本物のお茶体験とおいしい地酒を求める客を国内外から呼び込むことに成功しています。

本物を追求するには、人的リソースの確保が障壁となります。外部人材の育成が問題解決のカギとなった好事例です。

天守閣で殿様気分で一筆啓上

福井県坂井市の丸岡城は、現存12天守の一つで町の観光のシンボルです。ここで人気を呼んでいるプログラムが「一筆啓上」です。

一筆啓上とは、徳川家康の家臣の本多作左衛門重次《ほんださくざえもんしげつぐ》が、陣中から妻へ宛てた「一筆啓上　火の用心　お仙泣かすな　馬肥やせ」という、短文ながら簡潔明瞭に家族を思いやる気配りを醸した手紙を書いたという故事を指します。

ここで名指しされたお仙は、後の初代丸岡藩主の本多成重《なりしげ》です。この戦国時代の「日本一短い手紙」のような故事にちなんで、来場者に心にしのばせている思いを、天守閣で手紙としてしたためて、家族や友人といった大切な人に送ってもらおうという企画です。

貸し切りの丸岡城天守閣で「一筆啓上」を体験。丸岡藩主の本多成重の生活を追体験できるマニア垂涎のプランだ。これで3000円はリーズナブル！

こちらも17時の閉館後の体験として販売。アイドルタイムだからこその天守閣貸切で、夕日の城下町を眺めながら手紙を書くのですから、それはまさに殿様体験。入場料は通常４５０円ですが、この体験は３０００円。城好きにとっては逆に安価ではないでしょうか？

閉館後だからこその貸切の天守閣。かつて殿さまが日々行っていたであろう本物体験が、高付加価値につながるのです。

本章では、私が6年間で関わった地域の事例を中心に観光振興の〝処方箋〟をまとめてみました。いずれの事例も継続性を見据えており、特別なリソースや手間を加えずにできることばかりです。

見せ方を変えることでメディアの取材が飛び込んできたり、看過してきた時間や空間をいじることで新たな価値創出が生まれて高収益化が図れたりと、観光不振に陥っている地域にも実は起爆剤となりえるリソースが眠っている可能性は大いにあります。

今一度足元を見つめ直したうえで、観光客はなにを望み、そして地元にある事象をどのように加工すればその需要に応えられるのかを考えてみるのは、とても意義のあることだと思います。

第四章　誰が「真の観光立国」の担い手になるのか？

圧倒的なランドスケープ、バラエティ豊かな食の楽しみ、伝統に裏打ちされた文化資源に、人は親切でとても安全。日本の観光地としてのポテンシャルは世界的に見てもトップレベルで備わっているのに、きちんと稼げていない現実があることを本書では取り上げてきました。民間においても、行政においても、我が国の観光業は依然多くの課題を抱えています。

それでも、観光が日本の基幹産業のど真ん中になることは疑いようがないですし、マーケ思考をみんながもっと意識すれば、観光業は確実に盛り上がります。

これからの観光業界において、「あるべき姿」とはどのようなものでしょうか。観光〝未〟立国から、真の観光立国となるには、どのような気構えや取り組みが必要でしょうか。この数年間、全国津々浦々を飛び回り、さまざまな自治体、地域の民間企業で切磋琢磨している人たちとの仕事を通して肌身で感じてきた所感を、本書の最終章となるここで述べていきたいと思います。

「誰でもいい」はもう、やめよう

ＪＮＴＯの統計が示すように、２０２３年と２０２４年で比較すると、訪日外国人の数はたった1年で１０００万人以上も増えました。２４００万人から３６００万人に増えたので、前年比にして約１５０％という成長ぶり。すさまじい伸び率です。

２０２５年は大阪万博もありますし、なんといってもコロナ禍から続いていた中国の渡航制限が緩和されるでしょうから、インバウンドの隆盛というこのトレンドは、まだ「入口」でしかないと見ることもできます。

ただし、これからの観光業で問われるべきは「数」ではありません。たくさん来たところできちんと消費に結びつかなかったり、リピーターにならなかったり、あるいは渋滞やゴミのポイ捨てなどで観光公害が深刻化すれば、地域の人にとって負担にしかなりません。

観光客の消費額も円建てでは増えているけれど、ドル、あるいは元建てでみるとコロナ前の２０１９年との比較でほぼ横ばい、あるいは微減しているというデータもあります。要するに、「円が安いから行ってみようぜ、というお客さんが増えているだけ」と見ることもできるのです。

渋谷のスクランブル交差点で、記念撮影する外国人旅行者の姿を見たことがある人は多いと思います。写真を撮り終わった後の行動をぜひ、見てください。スマホで撮ったら満足して、街中に進むことなく、電車のホームに戻って帰って行く人がとても多いです。もちろん全員ではありませんが、渋谷を散策したり、ショッピングしたりご飯やお酒を楽しんだりせず、撮って満足してその場を去ってしまう。渋谷という人気の街ですら、こうした現実があります。

旅行者がお金を落とす先にも、注意を払うべきです。せっかく地方まで来ているのにチェーン系の飲食店であったり、外資系ホテルにばかりお金を落とすような消費しかしないのであれば、果たしてそれは「地域が観光で本質的に稼げている」と言えるのでしょうか。いろんな考え方があるとは思いますが、私は違うと思います。

その地域でしか採れない新鮮な野菜や魚を味わったり、風情ある温泉宿で疲れを癒やしたり、地酒を飲み比べてみたり。要は「地産地消につながっているか?」さらには「地域の担い手が潤っているか」という視点が大切です。そこを抜きにして、ただ観光客が増えたからといって喜んでも仕方がないのです。

ですから、今こそ「その地域にとって、来てほしい人は誰か？　どんな人たちなのか？」をベースに考えた設計にすべきであって「来てくれるなら、誰でもいい」では、ダメなんです。いまだにそんなぬるい思考があるとするなら、それはバッサリと捨てましょう。

逆に、観光地のほうから「来る人をふるいにかける」という発想だって、あっていいんです。大挙して観光地を訪れ、写真だけ撮って帰ってしまうような人たちだけを相手にしていては、いずれ地域が壊れてしまいますから。

地域の資源や歴史、文化、そしてそこに根付く日々の営み。長きにわたって紡がれてきた産業。こうしたものにきちんと価値を見出し、興味を持ってくれる人は、世界中にたくさんいます。

もちろん、日本にもいます。そうした観光客を呼び込み、体験価値の高い観光コンテンツを体験させ、ファンになってもらうことが大事です。ファンになれば旅から帰った後も周囲に魅力を説いて回ってくれるし、リピートしてくれるかもしれないし、「あそこで飲んだお酒を母国でも味わいたい」と越境ECで取り寄せてくれる、なんて流れもあります。このような旅行客を戦略的に呼び込むことこそ、今後の我が国の観光にとって必要なのではないでしょうか。

少子高齢化が進む我が国では「関係人口」、すなわち定住者ではないけれどその地域と密接な関りを持つ人を増やすことが大切だとよく言われます。観光はそのきっかけになりうるもの。

地域に理解を示してくれる人のほうがいいし、文化や営みに興味を持ってくれる人のほうがいい。「関係人口を増やしましょう」と叫ばれていますが、大事なのは「どんな関係人口を築いていくか」です。

そして、観光を通じてよい関係人口を築くために必要なのが、地域の理解や興味を惹くコンテンツだと考えています。これはわざわざ補助金で新しい事業として立ち上げなくても、すでに地域にあったりします。

神社仏閣をはじめとする有形文化財。祭りや花火大会といった無形文化財。それだけではなく、地域で日々繰り返される営みですら、コンテンツになりえます。

　農業や漁業、工場ですらも、切り口や見せ方ひとつ変えるだけで、地域を輝かせるキラーコンテンツになりうるのです。「日常の慣れ親しんだもの」が、外から見ると素晴らしい価値を持っているかもしれません。足元をもう一度見直すのも大切です。

　これらをコンテンツ化して運営していくには、「地域に愛を持った人たちの活躍」がなにより必要となってきます。

　地域に脈々と受け継がれてきたものを守りながら、アップデートさせ、後世にも継続して残していくには、「地元愛」と「必然性」が大切です。

「継続は力なり」とよく言いますが、継続を「力」にするには、それなりの努力と時間が必要で、「力」を形にするにはそれなりの愛と必然性が不可欠になってくるのです。そしてそれは「外部の断片的に関わる人たち」が持つのは難しいもの。常時、兼ね備えているのは、地場の産業や文化資源に関わる人たちだと、私は思います。

「一次産業の六次産業化」という視点

地域の産業に観光を掛け合わせると、それが高付加価値をもたらす観光コンテンツとして機能しながら、地域の活性化にもつながる。そんな好循環をもたらすことがあります。まず、ここでは「地域の一次産業×観光」について、考察したいと思います。

温暖化や高齢化の影響で、収穫高の激減に悩む一次産業従事者たちは多いと聞きます。伊勢湾でも伊勢海老の漁獲が大きく減ってしまい、今は東北まで北上してしまっているとか。今、数多の地域で漁船を降りたり、跡継ぎがいなくて先祖代々受け継がれてきた農地を手放す農家さんも増えています。

近年、「一次産業の六次産業化」の推進が叫ばれています。「一次×二次×三次＝六次」、すなわち漁師さんや農家さんが原材料をただ獲って流通に乗せるのではなく、加工して流通チャネルを広げて販売したり、提携するレストランで収穫物を食べる場を作るなど、観光ツアーとしてコンテンツ化する等の新事業開拓です。

「一次産業の六次産業化」というと生産物の加工品販売が主なイメージではあります

が、急速に変化する自然環境や後継者不足などを考えたとき、生産者の新たな収入源として「観光コンテンツ化の市場」は、まだまだ広げていくべきではないかと感じています。さらにいうと、一次産業の六次産業化は今後の観光のキーワードになるのではないでしょうか。

第三章で徳島・鳴門市の車エビ漁の事例を挙げましたが、このように収穫体験を見学するだけでなく、新鮮な獲れたての食材を、景色を味わいながら食すような体験コンテンツはまだまだ少ないです。基本的には漁船に乗せるだけで終わってしまったり、りんご狩りやいちご狩りも「制限時間何分で、いくら」と安価な価格設定のケースが多いので、そこからいかに単価を上げるかが重要になってきます。

果物狩りだと一人2000円ほど、漁船に乗せて見学するだけだと4000〜5000円の体験となるのが相場でしょう。でも、乗船して獲った魚を漁港で刺身や丼ものにして食べるとか、収穫した野菜を自分たちで切ってサラダやピザに乗せて焼き、自然に囲まれた気持ちいい場所で食べるなどすれば、そこにビールや地酒などドリンク代のアドオンも加わり単価を跳ね上げることができます。

先に触れたように、根本にある担い手不足を鑑みても、漁師さんが提供する漁師めし体験や農園や果樹園なら近くのレストランと連携して食事を提供すれば、そこにはすでに観光従事者でなくても担い手が存在するのです。

これらの体験は大人数を受け入れることができません。けれども、「地域のホンモノ体験」であり、観光客にとって体験価値が高いことは間違いないです。だからこそ、地域産業への興味関心の高い観光客に対し、受け入れ可能な人数で、高単価商品として提供すべきなのです。

これは生産者の事業外収入になるだけでなく、観光客と触れ合うことによって一次産業者、例えば漁師さんたちの意識にもよい影響を与えるという効果も期待できます。目の前でおいしそうに食べるお客さんを前にしたら、漁師さんは「自分の仕事が人を幸せにしている」という手ごたえをダイレクトに感じるでしょう。それはやりがいやモチベーションに大きくつながるでしょうし、「船を降りようかとも思ったけど、もう少し頑張るか」と思い直すことだってあるかもしれません。

観光客からすれば、濃密な収穫体験ができるうえ、採れたてのおいしい地元メシに触れるということは、よい思い出になりますよね。付加価値の高い体験になりますし、なんせ一次産業の従事者がツアーの担い手ですから、観光消費がダイレクトに地元に落ちるでしょう。

さらに、こうした体験をすることで観光客の中から地域のファンになる人も多く現れます。「またあそこの車エビが食べたい」「あのリンゴを味わいたい」と自身のお取り寄せはもちろんのこと、体験が強力な口コミ力となりさらなるＥＣの売り上げにつながっていくでしょう。

このように、地元の産業と観光を掛け合わせることで、大きなシナジーを産む可能性があります。一次産業の従事者からすれば、漁獲や収穫は毎日のルーティンで当たり前のもの。けれども、そこに見過ごしている価値が眠っているかもしれないのです。

地域の一次産業に観光客を呼び込むことで新しい収益の機会になり、やりがいにもつながるのなら、挑戦すべきではないでしょうか。観光客のほうも、「観るだけの観光」から一歩出て、その地域でなされる人の営みや、受け継がれてきた文化を体験したいと思って訪れて来ます。

その地域の人との触れ合いは大歓迎で、重要なファクター。むしろ観光客のほうが求めていると言っても過言ではありません。この観点からも、観光客と地域の一次産業従事者が触れ合うような「六次産業化」は意義があると思えるのです。

ファクトリズムで「地域のアップデート」が進む理由

「産業×観光」の組み合わせは、農業や漁業にとどまりません。我が国の工業もまた、地域の観光経済の柱となりうるポテンシャルを秘めています。

大阪府内の各都市で開かれる「FactorISM（ファクトリズム）」は、オープンファクトリーと呼ばれる工場を公開するイベントです。1600トンの大型のプレス機を使用する鋳造では、鉄がドロドロと溶けて熱気と光に覆われるダイナミックな光景が見学でき、迫力満点。「SF映画みたい！」と人気を博しています。

その中心会場である八尾市は、約3500もの中小の製造企業がひしめく産業の街。型枠や部品、ねじといった製造業の根幹をなす技術を持った企業が集まっているので

注目の産業観光。オープンファクトリーは、観光客にとって非日常。地域の理解も深まり、職人の意識も高まる

すが、働き手の高齢化や後継者不足の問題が顕在化していくなかで、八尾の町はオープンファクトリーを開催することで、これまで一部の人しか来なかった工場に関心を持った観光客が国内外から来るようになり、工場の人たちは「今まで接することがなかった人々」とコミュニケーションをとる機会が生まれました。

ここで、思わぬ化学反応が起きます。

「精巧な電子機器のパーツをミリ、ミクロン単位で作れる技術がすごい！」

と、工場見学に来た観光客の興奮がダイレクトに現場で働く人々に伝わることで、工場で働く人にスポットライトが当たりました。その結果、工場で働く職人さんや現場の方々の熟練の技がリスペクトを持って目に止まることで、八尾の街が輝き出したのです。

工場でのお仕事は、基本はＢｔｏＢになります。ねじやプレス機を作っている人たちは、普段、外部の人と接触する機会はなかなかありません。ところが、観光をきっかけに関心を持たれたり、褒められたりすることで働く人たちの意識がガラリと変わります。

人手不足に悩んでいた工場の離職率の低下につながるかもしれません。あるいは、日本の技術を目の当たりにした観光客の中には「うちの国でもこれは応用できるぞ」「この機械は別の用途にも使えそうだ」と考える人も出てくるかもしれません。観光がきっかけとなって、新しい事業や雇用が生まれる可能性も出てくるのです。

さらに言うと、オープンファクトリーには「企業が工場を公開することで、これまではコンペティター（競争相手）であった地元の同業間の人たちに連携が生まれる」という側面もあります。

それまで疎遠だった同業者との間にコミュニケーションが芽生えることで、互いの長所を学び合ったり、課題を共有することで作業の効率化が進んだり。実際に、オープンファクトリーでの交流がきっかけとなってバックオフィスのＤＸ化が採用され、「今までは手書きだった伝票発行がパソコンでできるようになった」というちょっとしたイノベーションが起きた事例もありました。

このように、外部の人と接する場を作ることで、地域の人たちにも連帯が生まれ、新しいことを始めたり、デジタル化が進んだりします。こうして地域が仕事や人のつながりでアップデートされていくのは、本質的な地方創生につながると思うんです。

岸田政権時に「官民挙げてのスタートアップ支援」が声高に叫ばれたからでしょう、地方自治体は新産業やスタートアップの誘致をどこも活発にやっており、外から引っ張ることに躍起です。でも、わざわざ外から引っ張るだけではなく、地域にある継続してきたものに光を当てて、観光と掛け合わせることで、新産業やスタートアップが生まれて育つ可能性だって十分あると思うのです。

ファクトリズムやオープンファクトリーを通じて「地域に関心を持つ層が生まれる」ということは、そこで働いてみようかとか、なにかを一緒にやっていきたいという人を掘り起こすことにもつながります。これこそまさに、「関係人口」にしたい人たち。採用や投資を呼び込んだり、新しいビジネスが創出されるトリガーにもなりうるということです。これは人手不足に悩む地方において、なかなかのインパクトになるでしょう。

オープンファクトリーはファクトリズムの他にも、福井県の越前《えちぜん》・鯖江《さばえ》エリアで開かれる地元の漆器や包丁などの工場を公開する「RENEW（リニュー）」が海外からも人気です。5万人以上の来客者を数えるとともに、地場産業の活性化に寄与しています。

あるいはウールの産地として知られる尾州《びしゅう》（愛知県西部～岐阜県西濃《せいのう》地方）で開かれる「ひつじサミット」もにぎわいを見せており、生産者たちは組織の垣根を越えて「尾州全体を盛り上げよう」という機運に満ちています。

地域に根付いた「産業×観光」の組み合わせをコンテンツ化することは、その地域に来てほしい人を呼び込む施策になるだけでなく、新たな雇用や投資、産業を呼び込む可能性ももたらします。加えて、そこで働く人たちの連帯感であったり、知見をアップデートする機会にもなりえます。観光にはこんな〝副次効果〟もあるのです。

建築ツーリズム、伝統工芸にみる「文化財×観光」の在り方

文化財もまた、観光と掛け合わせることで有力な観光コンテンツになりうる存在です。特に、建築や民藝・伝統工芸といった領域にポテンシャルを感じています。文化体験をすることで日本のイズムが伝わり、その体験価値は高く、「理解が深まる要素が詰まっている観光の在り方」だと思います。

日本の建築が世界からも脚光を浴びつつある中で、私は建築ツーリズムに注目しています。なぜ推しているかというと、そもそも手を入れずとも歴史を重ねた建築物が点在するエリアごと、優良な観光資源だからです。しかも、「なぜその年代にここに建てたのか」という時代背景や土地の文化を、鑑賞すると同時に学ばざるをえないからです。

これは観光の本義としてものすごく意味のあることで、本書で何度も引き合いに出してきた「写真を撮って、ＳＮＳだけ投稿して帰る人」と比べると、建築を見て回ることでその地域の歴史や文化を理解してくれます。さらには歩いて回るので食事や宿

泊など、観光消費もしっかり見込めます。

　そして、知見を得ると伝えたくなるのが人の性。ＳＮＳであったり、ＯＴＡやＧｏｏｇｌｅマップの投稿へとつながります。事実、建築ツーリズム界隈は熱量の高い投稿が多いです。歩き回ることで愛着も湧くため、また来たくなるのがミソです。

　長崎や神戸、横浜、函館をはじめ、日本には海外からの観光客もスッと入り込めるような歴史を感じさせる建築物がたくさんあります。北前船が就航していた頃の領事館や、あるいは前川國男《まえかわくにお》や丹下健三《たんげけんぞう》などに代表される近代建築の作品群など、その建築群を見ることを主な目的とする国内外の観光客が徐々に増えています。

　もとより、建築という有形文化財をフックに文化意識の高い観光客を呼び込み、食や宿、付近のアクティビティを周遊させるような取り組みは観光と相性がとてもいいと感じていました。

　文化的に成熟した旅行客を呼び込むという点では、アートイベントも各地で人気です。けれども、イベント制作においてはアーティストのキュレーション、キャスティング、作品の制作費や長期の進行管理、それにプロモーションや運営費も乗っかり、収支を合わせるのが本当に難しく、継続イベントとして成立しているものはそう多くはないのが実情です。

その点、すでに街に溶け込んだ「建築」を柱に据えた建築ツーリズムは、施設のオーナーに期間限定の一般公開のお願いをすれば、気にすべきは掃除代くらい。もちろん、プロモーションや運営費はかかりますが、圧倒的に収支を組みやすいと考えられます。

建築は有形文化財ですが、無形文化財にも「観光と掛け合わせるべきもの」は多々あって、私は民藝、伝統工芸も強く推したいです。なぜなら、やり方を工夫すればとてつもなく体験価値の高い観光コンテンツに化ける可能性があるから、です。

地域に伝わってきた技術は、完成した工芸品をお土産として買ってもらうのがベースですが、「ただ見せるだけにとどめず、体験してもらう」のが肝。第三章で宮古上布や久米絣の事例を引き合いに出しましたが、実際に観光客の人たちが欲しがるものをアート化して作ることで、出来合いのものを買うだけでなく「自分で作る」という工程で興味・関心が増し、文化体験ができる。職人側も、客単価を上げることができる。その売り上げは、伝統工芸の職人の新たな収入源ともなり、産業の継承に役立つでしょう。

そしてここでも、ファクトリズムや一次産業の観光化で見られたように、観光客との触れ合いによって、伝統工芸の担い手や伝統産業に新たな視点が生まれます。

「こんな色や形が流行っているのか」

「この価格帯でも欲しがる人はいるぞ」

と、伝統工芸の技術者の方々が気づかされることがあるのです。

職人の世界は、ともすれば「市場に合うものではなく、技術ありき」でアウトプットが決まりがちです。ＢｔｏＢで外の世界に触れる機会がなければ、どうしてもその方向に偏っていきます。

ところが、民藝や伝統芸能の体験プログラムを通して観光客という第三者と接することで、今まで気づかなかったニーズに気づきます。あるいは、これまで是としていたものが実はちょっと違った、なんてことにも気がつきます。そう、職人さんの頭の中に「マーケティング」が宿るのです。

富山県・高岡市に伝わるおりん。仏具で50年に一度くらいしか買い換えない商品ですが、こちらではおりん職人の方が体験プログラムを通じて「錫《すず》を叩く」工程を体験してもらいながら、完成した作品を錫のお皿として販売しています。「おりんは買い替え需要少ない。でも、一般の観光客には必要ない。ならどうする？」と、職人さんも考えたのでしょうね。

観光がもたらす効果とは、売り上げだけではありません。伝統工芸という地域に根差した技術ですらも、「今」求められる形になるようなアップデートを促す効能もあるのです。

〝観光立国〟は、誰が担っていくべきなのか

今、日本に巻き起こっているインバウンドの波に乗ろうと、デベロッパーたちは地方進出の機会を虎視眈々と狙っています。東京はすでにビルが建ちつくしてしまっているのと、地方創生を旗印に地方には国が主導する巨額の助成金や補助金事業が存在

するので、「これからはインバウンドだ、地方にハコを作るぞ」と、どんどん乗り込んできます。致し方ない流れではあるのですが、ここには「気をつけなければならない落とし穴」が潜んでいます。

デベロッパーはたしかに「ハコ」は建てますが、オペレーションや運営まで責任を持って設計してくれる事業者はまだまだひと握りです。むしろ、その地域に必要のないものを建ててしまって、元からあった景観や魅力を壊すような再開発をしてしまったりする。そんな事例もたくさん見てきました。

第二章で触れてきたように、これは公募を設計する国や自治体にも問題があるのですが、デベロッパーは作って終わり、となることが多いです。オペレーションはまた違う事業者をプロポーザルで募集してってやってるわけです。

知見のない、あるいは事業経験がない人たちが新しい建物を作って、運用しようとする。それも、施設が完成するのは建てると決めてから3年後とか5年後なので、そんな先のマーケティングができますか？　という話でもあります。こうして地域に不要なハコが増えていく。これが今、全国のいろんなところで起きている現象です。

ちなみにですが、一部のデベロッパーは建てるときは熱心に営業をかけて、「こんな施設が必要では？」と自治体を説き伏せます。けれど、建ってしまったら壊すところまでは面倒を見てくれません。壊すのにもお金がかかります。でも彼らはそこには責任を負いません。

そんな人たちの営業トークに乗って、言われるがままに建物を作って、元からあった景観を壊してしまう。せっかく見晴らしの良かった、別の可能性もあった地域の場所に建物ができてしまい、可能性を失ってしまう。壊したら歴史はゼロ年に巻き戻ってしまいます。時すでに遅し、で取り返しはつきませんよね。

もちろん、心ある不動産開発事業者もたくさん存在しますので、これがすべてという話ではないのですが、地域にとっては大きな影響を長きにわたって与えうるので、「地域を開発する人には最後まで責任と覚悟を持ってもらう必要がある」と痛感しています。地域の真の理解はもとより、少子化を鑑み、地域の人々と観光客が上手に共存、融和していくような未来が望まれます。

今後、地域の開発施設は、地域（地元）住民はもちろんのこと、ますます増えるであろう国内外の観光客も利用するという目線を持って建てるべきだと思います。デベロッパーは施設というハードを建てて終わりではなく、ソフトもより重視し、さらには「どうしたら観光で来た人も楽しめ、消費につながるか」という中身についても考えた設計によりすべきかと。要は、中身、ソフトへの知見を持って施設を開発し、運用するべきだと私は考えます。

地域の人からも、旅行者からも、長期にわたって愛される施設づくりをこれからは目指していかなければなりません。それにはデベロッパーが旅行業の免許を取得し、観光の担い手にもなるカタチがあってもよいのではないでしょうか。

地域側も安直な営業案件に飛びつかず、「ちゃんと必要なものを判断していく目」が求められると思うのです。

そして、そうした目線を持った人とはどんな人なのかというと、地域を愛する人に他なりません。

地元愛と言うと情緒的に聞こえるかもしれませんが、今後の日本の観光業界を、ひいては地方創生を実現していくには、このような人たちの存在が不可欠です。補助金が出るからやってみようと寄ってくる「外の人たち」ではなく、「愛と覚悟を持った地域の人たち」が担うべきです。

その担い手は、実は地方にたくさん眠っていると私は思っています。

例えば、地方の中小企業には、「苦労しながらも事業承継に取り組む世継ぎ」たちがたくさんいますよね。世継ぎたちは「祖父や親父の代と同じことをしているだけでは終わる！」と、自分たちなりに考え、試行錯誤している人たちも大勢います。

ローカルな酒造から脱皮したくて、新しくウイスキーや梅酒という売れ筋商品を開発した蔵元。あるいは、親から会社を受け継いで35歳で社長に就き、30歳年上の社員をマネジメントする若旦那。世継ぎたちは商品開発の過程で資金調達が必要になれば銀行に頭を下げにも行きますし、ECなどの新たな流通開拓で新規のプロモーションに取り組んだりと奮闘しています。東京の大企業と違って誰かに教わるような環境にない中で試行錯誤を繰り返し、トライアンドエラーの日々を送っている。これが、とても大きな意味を持ちます。

トライアンドエラーの集積こそ、マーケティングです。これだけマーケ目線が不在の観光業界ですから、世継ぎたちが本章で述べてきたような「産業×観光」に目覚めれば、大きなイノベーションを起こしうるのではないかと私は思うのです。

観光とは、その土地を訪れることから始まりますが、それは移住のトリガーにもなるし、企業がサテライトオフィスを設置したり、投資を呼び込んだりするきっかけにもなります。ここにおいて、観光は地方創生を実現する1つの手段にすぎないですが、この「一手段」をどう地域経済に落とし込み、花開かせるのか。

観光を生かすも殺すも、売り方次第、見せ方次第。我が町にとって、観光資源とはなんなのか。これを売っていくにはどうしたらいいのか。

もしかすると、「素敵ななにか」はもう地域に存在するのです。それをどう活用するかは、イニシャルは外部の予算、リソースを活用するとしても、本章の冒頭で説明したように観光事業を継続し、イノベーションする「力」には、愛と必然性が必要です。この2つを持っている人たちがどんどん「観光」に参入すべきかと思います。

「資金があるから」に左右されず、その地域を愛《いつく》しむ人こそがこれからの地域創生の舵を取るべきです。

「私たちを育んでくれた観光資源、そして担い手を紡いでいきたい」「これから続く未来に、自分たちが創るホンモノの地方創生を実現したい」

そんな、マーケティングと地元愛の詰まった人が旗振り役を務めてくることを切に願います。

永谷亜矢子（ながや あやこ）
大学を卒業後、リクルートに入社し広告営業、企画、雑誌の編集に携わる。2005年、東京ガールズコレクションを立ち上げ、イベントプロデュースやPR、社長業を兼任。2011年より吉本興業で海外事業、総合エンターテイメントのトータルプロデュースを担い、2016年に 株式会社anを設立。企業&中央官庁、自治体へのマーケティング、PRコンサルタント、施設やイベントからメディアまでの様々なプロデュース業を担う。2018年より立教大学経営学部客員教授。2019 年よりナイトタイムエコノミー推進協議会の理事に着任。以降、観光庁、文化庁など有識者やアドバイザー、現在も富山県、富士吉田市はじめ８自治の地域創生事業にハンズオンで長期的に携わっている

扶桑社新書 525

観光〝未〟立国～ニッポンの現状

発行日 2025年3月1日　初版第１刷発行

著　　者………永谷亜矢子
発 行 者………秋尾 弘史
発 行 所………株式会社 扶桑社
〒105-8070
東京都港区海岸1-2-20　汐留ビルディング
電話　03-5843-8194（編集）
03-5843-8143（メールセンター）
www.fusosha.co.jp

DTP制作………株式会社 Office SASAI
図　　版………ミューズグラフィック
帯デザイン………志岐デザイン事務所
カバーデザイン………小田光美
印刷・製本………株式会社 広済堂ネクスト

Printed in Japan　ISBN 978-4-594-09877-3